正面管教
图解版

**13～18岁青少年常见的
27种叛逆行为解析**

［法］安妮-克莱尔·克兰丁斯特 著
［法］琳达·科拉扎 绘
唐天红 译

中信出版集团 | 北京

图书在版编目（CIP）数据

正面管教：图解版. 13-18岁青少年常见的27种叛逆行为解析 /（法）安妮-克莱尔·克兰丁斯特著；（法）琳达·科拉扎绘；唐天红译. -- 北京：中信出版社，2021.3
ISBN 978-7-5217-2870-5

I.①正… II.①安…②琳…③唐… III.①青少年教育 - 家庭教育 IV.①G78

中国版本图书馆CIP数据核字（2021）第035805号

Petit décodeur illustré de l'ado en crise
© First published in French by Mango, Paris, France – 2019
Simplified Chinese translation rights arranged through Peony Literay Agency
Simplified Chinese translation copyright © 2021 by CITIC Press Corporation
All rights reserved.

本书仅限中国大陆地区发行销售

正面管教：图解版　13~18岁青少年常见的27种叛逆行为解析

著　　者：[法]安妮-克莱尔·克兰丁斯特
绘　　者：[法]琳达·科拉扎
译　　者：唐天红
出版发行：中信出版集团股份有限公司
　　　　　（北京市朝阳区惠新东街甲4号富盛大厦2座　邮编　100029）
承　印　者：北京联兴盛业印刷股份有限公司

开　　本：787mm×1092mm　1/16　印　张：12.5　字　数：200千字
版　　次：2021年3月第1版　　　　　　印　次：2021年3月第1次印刷
京权图字：01-2021-0413
书　　号：ISBN 978-7-5217-2870-5
定　　价：59.80元

版权所有·侵权必究
如有印刷、装订问题，本公司负责调换。
服务热线：400-600-8099
投稿邮箱：author@citicpub.com

前言

2017年9月,《正面管教:图解版 0~12岁孩子常见的35种情绪失控解决方法》在法国出版后,得到了许多家长的好评,您面前的这本书是那本书的续篇。

本书采用了与上部书同样的版式,图片丰富,视觉效果强,新颖别致。读者可选择整本阅读,也可以有针对性地阅读。

在书中,您能找到两把钥匙:第一把钥匙为家长而准备,可以解密青少年的不合理行为;第二把钥匙为青少年而准备,可以解密父母的不合理行为。

青春期的孩子处于一种"危机"状态之中,"危机"这个词本身就包含了辩证的双重含义:这个时期是"危险"的,但同时也蕴藏着"机会"。可以说本书也同样处在"危机"之中。

笔者将看似矛盾的内容融入了一本书之中:

▲较儿童时期而言,青春期所涉及的内容主题要复杂得多,而在这一册书中,我们仍然秉承了深入浅出的原则。

▲在有限的篇幅中,探讨的主题复杂多样。

▲孩子在青春期出现的各种问题，有的较为沉重，甚至令人感到压抑，但是我们仍然保持了幽默、自嘲的语言风格。

▲由于性别、年龄、遗传的原因，处于青春期的孩子与他儿童时期相比，他的表现会存在明显的差异。这一册的绘图中，我们仍沿用了第一册书中的人物。

面对第一个挑战，我们使用了"浓缩"的技巧：首先，对每个主题尽可能进行全面的思考；其次，在保留中心思想的前提下，对内容进行最大程度的压缩。

面对第二个挑战，我们需要进行双重选择：每个主题最多只占用两页篇幅（通常在右侧的一页中内容比较集中）；放弃对某些主题（比如饮食障碍、性取向、离婚、家庭重组）的探讨，因为我们认为这些主题应该在更为专业的书籍中做更深入的探讨。

面对第三个挑战，我们试图在幽默与严肃之间找到一种平衡。笔者根据自己做青少年家长的经验，感受到父母并非总能做到置身事外，用幽默的态度去面对各种事情，但是在本书中，我们希望父母能够做到这一点。从各个角度来说，这一册书的内容含量都更为丰富。

面对第四个挑战，我们选择了一个四口之家（父亲、母亲、一个男孩和一个女孩）作为本书的故事原型，在图书的撰写与绘画过程中，孩子们也在不断地成长。

出于方便阅读的考虑，本书一直以"他"这个人称进行叙述。

笔者有机会受邀在这本书的原型家庭中近距离地观察他们在日常生活中遇到的各种挑战，笔者在叙述中将这些挑战进行了归纳、选择，通过对各个场景的描述，希望每位读者都能在书中找到自己家庭（单亲家庭、同性恋家庭、多成员家庭、重组家庭等）的影子，找到针对自己的问题和解决办法。

我们的初衷是选择一个具有代表性的家庭，因此选择了由一对夫妻和两个孩子组成的家庭，作为故事的原型。

欢迎大家来了解这个并不完美的家庭，希望读者能够在他们的生活中找到灵感，激发作为父母的创造性，在日常生活中找到机会，来修复、加强亲子关系，度过危机。

希望本书的读者通过阅读，可以营造出更为平和的家庭氛围，让家长和孩子双方都能获得成长。

然而本书不是魔法书。

读者可能会觉得书中的很多建议都很中肯，也会表示赞同，但是在具体实施的时候，却仍然困难重重。这是为什么呢？

原因如下：

▲我们已经形成的习惯十分顽固，要想改掉它们并不容易。很多情况下我们不会做自己认为对的事情，而是会做自己已经熟悉的事情。虽然我们心里清楚换一种方法行事更好，但也无济于事——罗马城不是一天建成的，神经科学的研究对此早有证实。

▲有种生理学理论认为，人的大脑分为大脑皮层、哺乳脑与爬行脑，它们的运作方式不同。其中大脑皮层控制人的思维和理智，告诉你什么事情是对的；爬行脑控制人的本能和情感。在事情发生时，先占上风的往往是爬行脑。比如，理智告诉我们应该读书，但是在开始读书的时候，我们

可能会不情愿。

▲再比如，当看到一个人很擅长某项我们从未试过的体育运动时，我们可能会很幼稚地想：我也可以做到和他一样。而当我们真正去做的时候，却发现事情没有想的那么简单——要想取得可喜的成绩，需要大量的训练，经历跌倒、起身、再跌倒的过程，然后才会进步，在这个过程中我们还会经历停滞不前，甚至是倒退，最后才能养成新的行为习惯。

如果我们认为过程比结果更重要，也许反而会对（在本书中或在其他书中）没有现成答案这件事感到欣喜吧。一些家长可能会觉得本书中介绍的不过是一些常识，对此我们的回答是：您的理解完全正确，我们介绍的确实是常识。但是在亲子关系中，因为有了情感的介入，父母教育孩子的时候，恰恰会失去常识性的判断，觉得束手无策，甚至会气馁。

本书和很多其他同类书籍一样，为家长营造置身事外的空间与时间，从而为日常生活与亲子关系赋予新的内涵。

本书的主线是建立亲密的亲子关系，我们重现了日常生活中那些艰难的时刻与挑战，试图在其中找到修复亲子关系的机会，让我们在生活中的每一天都备感充实，充满活力。

序 言

本书是多人协作的成果，作者试图激发父母的创造力，倡导用协作的方式来解决争执。

父母想在教育孩子的时候做到宽严相济，首先需要发掘自身的潜力，与孩子共同发展，共筑和谐家庭，构建良好的亲子关系。

这个挑战既让人振奋，又让人不安，因为它迫使我们改变自己的习惯——这一点对于当今年轻人的教育不可或缺。安妮-克莱尔·克兰丁斯特、琳达·科拉扎在本书中用她们的幽默、理智、聪颖告诉我们如何将愤怒、困难变成具有创造性的机会。

随着阅读的展开，简·尼尔森的"正面管教"方法像一幅画卷，一点点地呈现在读者面前，这套方法渗透在日常生活的各种场景之中，兼具灵活性和可信度。在这些场景中，读者可以发现问题的解决办法，找到简单的应对手段，这样的方式既中肯，又不会局限读者的思维——"万能的答案"虽然让人充满希望，却常是自欺欺人的。作者的意图是打开我们的思路，激发我们的思考，以创造一个适合自己家庭的未来。

本书借鉴了心理学家阿尔弗雷德·阿德勒的协作原则，颇具深度。作者希望读者相信，通过发挥个体的创造性，每个人都可以找到归属感，发现自己的天性,从而为家庭与社会的良好运转做出贡献。

今天,为人父母比以往任何时候都更为艰难。感谢这本实用性与趣味性兼备的指南,它将让我们打开自信的翅膀,自由飞翔。

贝亚特丽斯·萨巴泰

目录

解密青少年

我们的孩子去哪儿了？

他觉得我们让他丢脸	_ 10
他只在有需要的时候才想起我们	_ 12
他不想让我们亲他——除非他主动要求	_ 14
他的作息时间黑白颠倒	_ 16
他的精力分配不合理	_ 18
他跟我们找碴儿，向我们挑衅	_ 20
他不洗澡	_ 22
他饮食不健康	_ 24

他脱离了父母的管控

他随心所欲地穿衣	_ 34
他的网络社交多于真实社交	_ 36
他不肯与我们交流	_ 38
他一点都不听话	_ 40
他对整理房间有自己的理解	_ 42
他不做家务	_ 44
他手机不离手	_ 46
他不告诉我们他的恋爱经历	_ 48
他拒绝一切帮助	_ 50

他将来会变成什么样子？

他不喜欢参加活动	_ 60
他做不到有规律地学习	_ 62
他容易受他人影响	_ 64
我们不喜欢他的女（男）朋友	_ 66
他被人纠缠	_ 68
他尝试吸烟、喝酒	_ 70
他不会有计划地花零用钱	_ 72
他对什么都不感兴趣	_ 74
他不会做选择	_ 76
他不会从经验中吸取教训	_ 78

保持亲密的关系

父母难做的原因	_ 86
青春期的孩子要面临的压力	_ 92
要想保持亲密的关系，父母该扮演的角色	_ 96

解密父母

他们看不见我长大了

他们仍然想带我一起出门	_ 118
他们给我设定的规矩很可笑	_ 120
他们居高临下，对我说教	_ 122
他们还像小时候那样惩罚我	_ 124
他们总想让我早点睡觉	_ 126
我使用电子设备的时候，他们不信任我	_ 128

他们总管着我

他们不停地给我发信息 _ 138
他们想知道我到底要去哪儿 _ 140
他们会因为我使用电子设备而发怒 _ 142
他们总想和我说话！ _ 144
他们总盯着我的考试成绩不放 _ 146
他们不喜欢我的学习方法 _ 148

他们最终会理解我吗？

他们因为我吵架 _ 158
他们以为我药物上瘾 _ 160
他们看不到我与他人相处的困难 _ 162
他们言行不一致或不可信 _ 164
他们过分担心我对性话题的关注 _ 166
他们不考虑我的感受 _ 168

控制我们的怒火

控制我们的怒火 _ 172

让我们走得更远 _ 178
本书作者的其他著作 _ 182

解密青少年

我们的孩子去哪儿了?

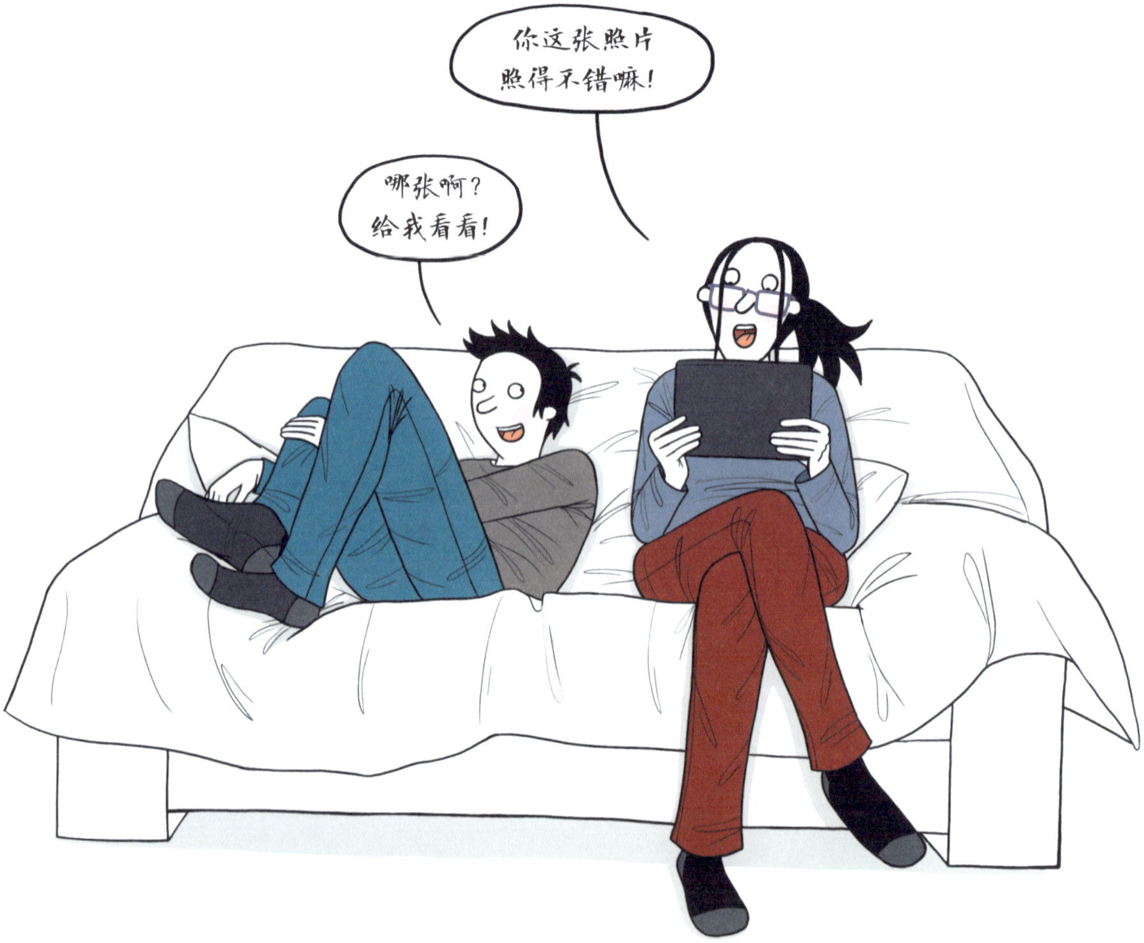
你这张照片
照得不错嘛！
哪张啊？
给我看看！

青少年在面临青春期的生理变化时，
有时身体会出现心理和生理不协调的状况，
这往往会令他们不知所措。

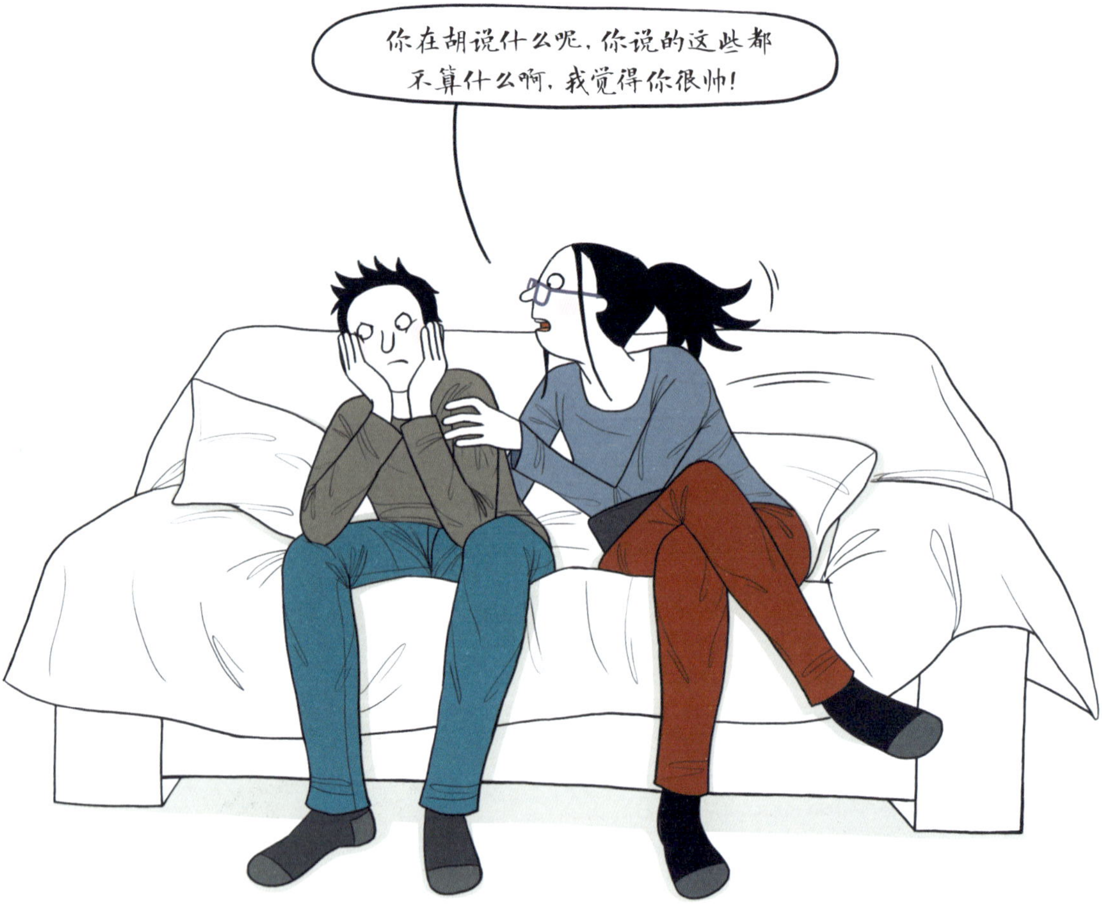
你在胡说什么呢，你说的这些都不算什么啊，我觉得你很帅！

青少年的生理变化仅仅是他冰山可见的部分。
其实他的内心也在发生翻天覆地的变化，这就如同坐过山车，
如同遇到浮冰碎裂，如同遭遇海啸、火山爆发，如同穿越沙漠……
对青少年自身和家长来说，要适应这些变化并不是一件容易的事情，
因为我们都要针对这些改变进行调整。

我们一起来看一看这些变化的表现形式，以及它们对家长产生的影响：

青少年发生的变化	对父母产生的影响
他的**情绪**变得更加极端、善变、脆弱。	父母可能会**无计可施**，在他情绪发生变化的时候不知如何应对。
他的生活**节奏紧张**。	这会映衬出**父母的生活**——我们已经不适应紧张的生活节奏了。
他的生活完全围着（几个或一群）**朋友**转。	我们感觉被孩子**抛弃**了。
为了能够在同龄人的团体中找到**归属感**，他投入自己全部的精力，哪怕因此挑战自己/父母的价值观也在所不惜。	我们会觉得孩子变得陌生起来，如果他交往的朋友对他产生了坏的影响，让他与我们更加疏远，我们就会**批评**他、**责备**他。
他经常做事**冲动**，不经思考。	面对他这种新的、让人不放心的行为方式，父母会**忧心忡忡**。
他想尝试新鲜事物，会不计后果地去**冒险**。	他不计后果的行为会让父母产生**不安**，我们会禁止他去做某些事，而这会加强他的逆反心理。
他可能连续几个小时待在那里，一动不动，似乎完全**沉浸在自我的世界里**。	我们会觉得**无所适从**，甚至会**怒火中烧**。这种情况下，想和他心平气和地交流可不是一件容易事……
如果他觉得生活没有意义或者没有找到自己的位置，就会特别**沮丧**。	父母会觉得**束手无策**，因为我们无法代替他行动。而想要为他做决定又不像他小的时候那样容易。
他需要得到肯定，找到自己的位置，他甚至会因此**挑衅**或**咄咄逼人**。	如果我们觉得他是在针对我们，就会和他进行口舌之争，甚至把亲子关系变成了一种**能力的较量**。
他的大脑正在经历非常剧烈的**发育完善过程**。	我们会观察到，他可能学习得非常快，但也可能遗忘得非常快，这种混乱感会让我们心生**焦虑**。

作为父母，我们应该**接纳**孩子，适应孩子的变化。

这么说，我得去适应了。

但我该对他说什么呢？

难道要我跟他说他不仅丑，而且还和其他青少年一样蠢？

我们可以根据孩子的改变而改变，这并不一定是坏事！

我们不能再像他小的时候那样对待他了。

青少年最需要的是倾听和理解。

（"最需要"的意思就是这两点比其他的一切都更重要！）

啊，好吧，那就是说，我只要说一句："我知道了，你觉得自己很丑"就可以了吗？

当我们不知道如何回答的时候，当然可以重复一遍他说过的话。

但是还有其他需要注意的事情，比如不要觉得他说的话是针对我们的。

我们通过日常生活中的几个场景来看一下该如何作答吧。

我们的孩子去哪儿了？ 9

他觉得我们让他丢脸

孩子做的一些事，有时候是挺让人生气的。

但是我们还是要试着去了解一下青少年的心理。

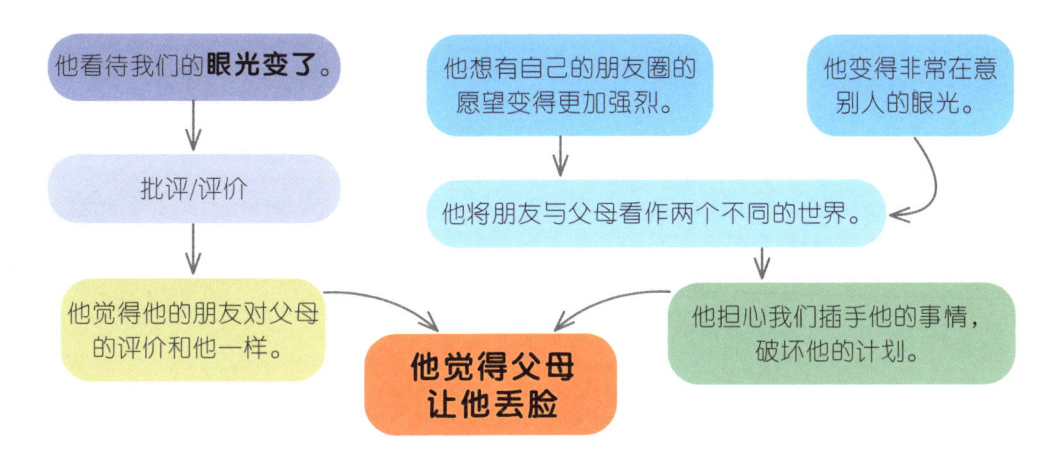

- 他看待我们的**眼光变了**。
  → 批评/评价
  → 他觉得他的朋友对父母的评价和他一样。

- 他想有自己的朋友圈的愿望变得更加强烈。
  → 他将朋友与父母看作两个不同的世界。

- 他变得非常在意别人的眼光。
  → 他担心我们插手他的事情，破坏他的计划。

他觉得父母让他丢脸

面对这种情况的应对办法：

事情发生时，

不要觉得他是在针对我们。

问题不在于我们是什么样子的，

而在于我们表现出什么样子。

"你不会在公司开会的时候穿这么难看的衣服吧！"

"啊？！"

"他并不是在针对我，而是担心他人的眼光！"

回答他的时候要**善解人意、避重就轻**，但是同时也要严肃认真。

"你想让我达到什么水平？"

或者用**幽默**的方式作答。

"你想让我在会议上扮演什么角色？半个老师半个母亲？"

长期来看，要做到：

接受他排斥我们的这个阶段。

安慰他，向他证明我们不会破坏他的计划。

当我们和他的朋友在同一个场合出现的时候，要找好我们的位置，要体贴、谨慎、做事恰当。

他只在有需要的时候才想起我们

妈妈，我的衣柜里一条内裤都没有了！

哎哟，这会儿想起我的存在了？！

给我拿一条内裤，快——点！

你要用这种语气说话的话，就别穿内裤，直接去上学吧！

虽然青少年宣称自己独立了，但其实他还有很多事情要依赖我们，而且他总是用"快点""立刻"这种方式表达自己的需求。

家长与孩子双方都可能会做出妨碍青少年自主的行为！

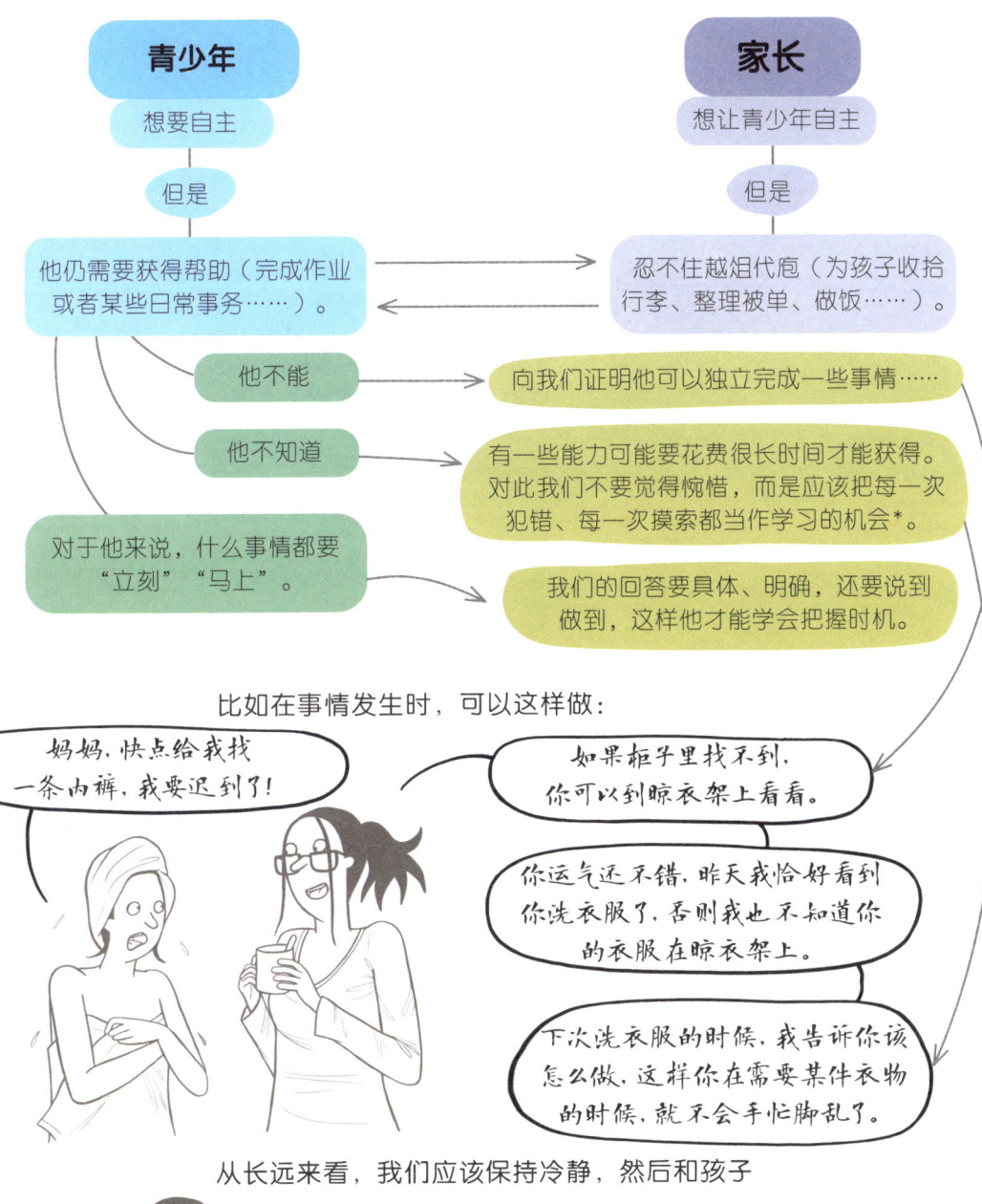

青少年
想要自主

但是

他仍需要获得帮助（完成作业或者某些日常事务……）。

他不能

他不知道

对于他来说，什么事情都要"立刻""马上"。

家长
想让青少年自主

但是

忍不住越俎代庖（为孩子收拾行李、整理被单、做饭……）。

向我们证明他可以独立完成一些事情……

有一些能力可能要花费很长时间才能获得。对此我们不要觉得惋惜，而是应该把每一次犯错、每一次摸索都当作学习的机会*。

我们的回答要具体、明确，还要说到做到，这样他才能学会把握时机。

比如在事情发生时，可以这样做：

> 妈妈，快点给我找一条内裤，我要迟到了！

> 如果柜子里找不到，你可以到晾衣架上看看。

> 你运气还不错，昨天我恰好看到你洗衣服了，否则我也不知道你的衣服在晾衣架上。

> 下次洗衣服的时候，我告诉你该怎么做，这样你在需要某件衣物的时候，就不会手忙脚乱了。

从长远来看，我们应该保持冷静，然后和孩子一起寻找解决问题的办法。

> 你觉得我们该怎么做，才能整理好内衣呢？

* 即使孩子已经离开了父母，他仍然需要我们的帮助，才能在生活中不断学习、调整、进步。

他不想让我们亲他
——除非他主动要求

> 来，亲妈妈一下！

> 住手，妈妈，我不想亲你！

> 我们的"小绅士"明明总是喜欢亲我啊！

> 我不喜欢亲人！

> 是吗？什么时候开始不喜欢的？

> 从你下巴上长了两根胡须后开始的吗？

当孩子拒绝父母的亲近时，父母会感到受伤，然后语气变得尖刻起来。

我们应该看到积极的一面，他开始知道自己想要什么了，这是一个好兆头！

这种态度的背后隐藏着：

身份的变化

> 我是大人了，"亲亲"是小孩子们才会做的事情。（要是被别人看见了多丢人！）

> 得由我来决定要不要"亲亲"，谁也不能强迫我。

> 我没经思考，就条件反射地做出了回应。

生理的变化

> 我的情绪变化得特别快。

> 我觉得身体躁动不安，我不明白这是怎么回事。

> 我的身体感到一些与"性"相关的东西，我不知道该如何面对父母的爱抚，这会让我尴尬！

矛盾的心理

> 虽然我觉得这样不好，但是我还挺喜欢父母亲我的。

> 我需要安全感，父母的爱抚可以让我感到平静。

> 因为我有时会拒绝父母，所以当我自己想亲亲他们的时候，我就不好意思了。

那么父母该如何应对呢？

- 控制自己，**不要发火**。
- **愿意**去适应他。
- **不要**一直**坚持**。

在这一方面，我们对他的态度越是**灵活、开放**，他对我们的态度也越是如此。

如果需要，也可以进行**轻微的身体接触**（把手搭在他的肩膀上可比短兵相接好多了）。

机会合适的时候，给他做个小按摩。

不要放弃。

> 你现在不想让人亲你，没问题。那等你想要的时候，你告诉我，好吗？

我们的孩子去哪儿了？ 15

他的作息时间黑白颠倒

该起床了，都快中午了！

晚上不睡觉，早晨不起来！

我告诉你，你不起来就没有早餐了，我们半个小时之后就吃饭了！

呼呼……

真是太过分了！他小的时候，我们一直盼望着他能让我们安安静静地睡个懒觉，而现在我们早晨不睡那么久了，他却睡起来没完！

为什么青少年的作息时间黑白颠倒？

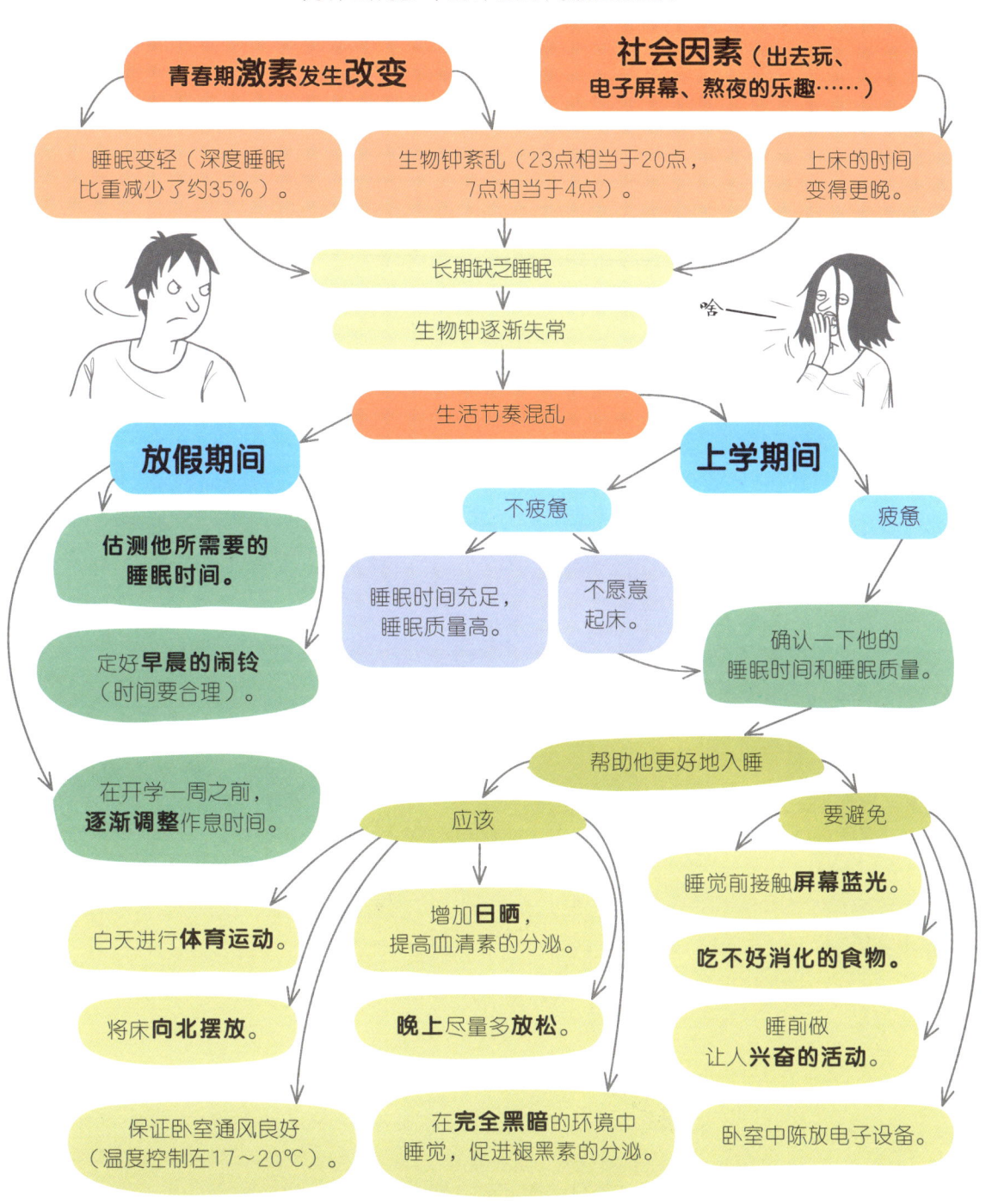

青春期激素发生改变

社会因素（出去玩、电子屏幕、熬夜的乐趣……）

- 睡眠变轻（深度睡眠比重减少了约35%）。
- 生物钟紊乱（23点相当于20点，7点相当于4点）。
- 上床的时间变得更晚。

↓

长期缺乏睡眠

↓

生物钟逐渐失常

↓

生活节奏混乱

放假期间

- **估测他所需要的睡眠时间。**
- 定好**早晨的闹铃**（时间要合理）。
- 在开学一周之前，**逐渐调整**作息时间。

上学期间

不疲惫
- 睡眠时间充足，睡眠质量高。
- 不愿意起床。

疲惫
- 确认一下他的睡眠时间和睡眠质量。

帮助他更好地入睡

应该
- 白天进行**体育运动**。
- 将床向北摆放。
- 保证卧室通风良好（温度控制在17~20℃）。
- 增加**日晒**，提高血清素的分泌。
- **晚上**尽量多**放松**。
- 在**完全黑暗**的环境中睡觉，促进褪黑素的分泌。

要避免
- 睡觉前接触**屏幕蓝光**。
- **吃不好消化的食物。**
- 睡前做让人**兴奋**的活动。
- 卧室中陈放电子设备。

关键是让他逐渐明白自己的需求，从而更好地照顾自己。

他的精力分配不合理

你都半天没动地方了，没有什么可做的吗？

没有！

你就不能读读书、骑骑自行车或者去做作业吗？

你还有其他更差劲的主意吗？

看见孩子明明可以保持精力充沛，却陷入萎靡不振的状态，这确实会让我们气愤不已！

这些变化是由哪些原因引起的呢？

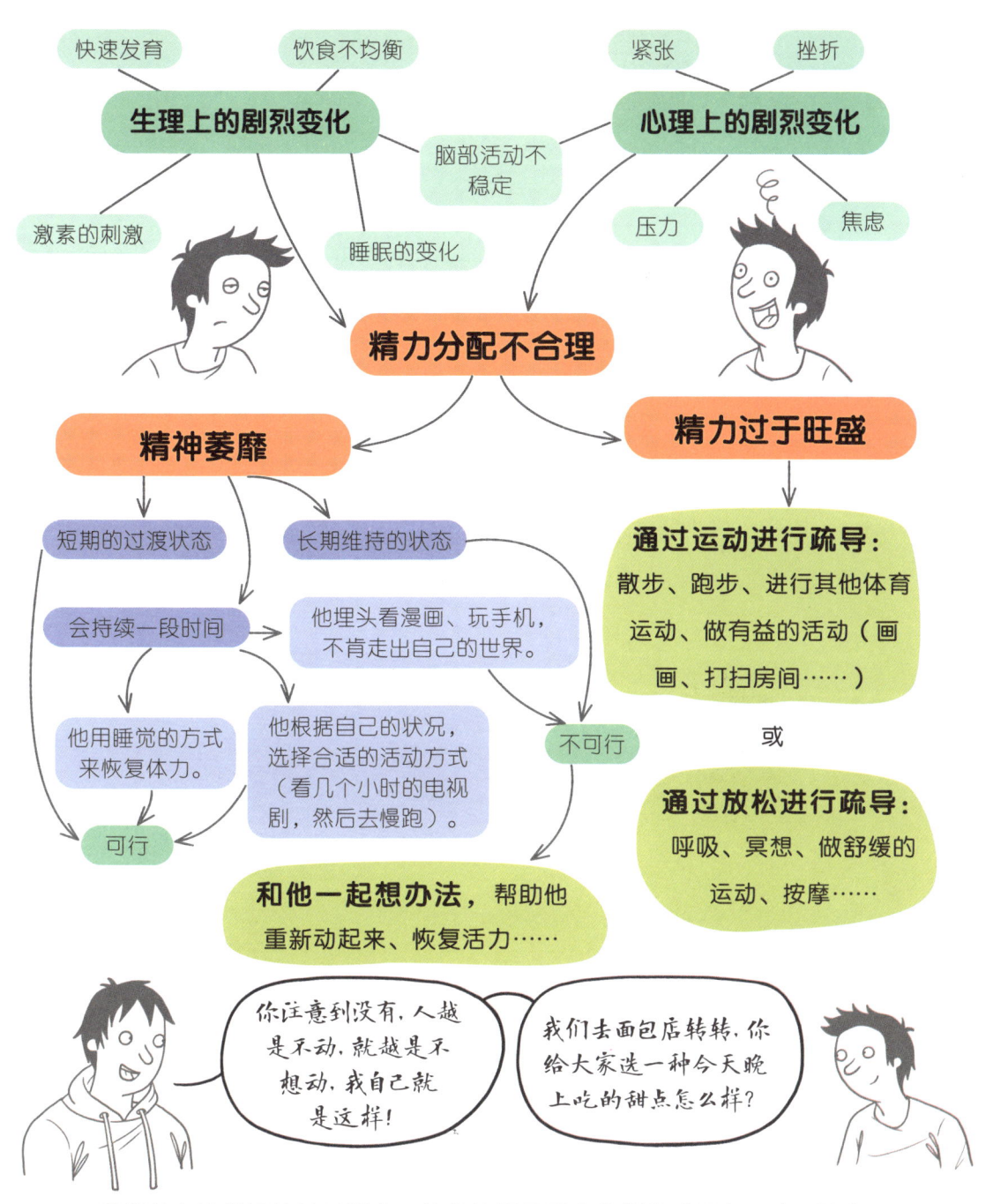

- 快速发育
- 饮食不均衡
- 紧张
- 挫折

生理上的剧烈变化 — 脑部活动不稳定 — **心理上的剧烈变化**

- 激素的刺激
- 睡眠的变化
- 压力
- 焦虑

精力分配不合理

精神萎靡 / **精力过于旺盛**

精神萎靡：
- 短期的过渡状态 → 会持续一段时间 → 他用睡觉的方式来恢复体力。→ 可行
- 长期维持的状态 → 他埋头看漫画、玩手机，不肯走出自己的世界。→ 不可行
- 他根据自己的状况，选择合适的活动方式（看几个小时的电视剧，然后去慢跑）。

精力过于旺盛：

通过运动进行疏导：散步、跑步、进行其他体育运动、做有益的活动（画画、打扫房间……）

或

通过放松进行疏导：呼吸、冥想、做舒缓的运动、按摩……

和他一起想办法，帮助他重新动起来、恢复活力……

> 你注意到没有，人越是不动，就越是不想动，我自己就是这样！

> 我们去面包店转转，你给大家选一种今天晚上吃的甜点怎么样？

我们的办法就是让孩子明白，他的选择不是非此即彼（要么不动，要么"多动"），同样也可以用温和、平静的方式应对他身上发生的剧烈变化。

他跟我们找碴儿，向我们挑衅

> 我都跟你说第五遍了！把音乐声音关小点！你是把我的话当耳旁风，还是你耳朵聋了？

> 我耳朵聋了啊，所以我才把音乐放这么大声嘛！

> 你立刻把声音关小！

> 行，行！

> 是我幻听了吗？你刚刚把声音调得更大了？！

做父母的谁没有经历过这样针锋相对的场面呢？这样的对话很难以和平的方式进行下去，局面很容易变得不可收拾。很明显孩子是在找碴儿！

孩子为什么会这样？

他跟我们找碴儿，向我们挑衅

因为他想**彰显个性**，表现自己的与众不同。

我和你们不一样。我可以让你们抓狂，我准备好了和你们抗争。

我要试探你们的底线，挑战你们所定的界限，还要知道你们情绪的稳定程度。我想看看你们能承受的底线在哪里，你们的容忍度能有多高。

因为他想在**与父母的关系**中认清自己的位置。

我刚刚经历了一件恼人的事情，我害怕将要发生的事情，但是目前还说不清楚到底是什么事。所以我就跟你们找碴儿，想要通过大声吵一架来发泄。

因为**精神**过于紧张，需要缓解压力。

我受不了了，我心里太难受了，得找一个缓解的办法。

面对这种情况，家长该如何应对呢？

1 黄金法则：不要以为孩子在针对我们（这是我们已反复强调过的！）。

即使事件发生的时候，我们的确是他发泄的对象，成了他的靶子。

2 花一点时间先让自己平静下来，然后问问自己下面的问题：

他怎么了？

3 帮助他审视自己的内心状态。

（也可以让他去散散步。）

我觉得你好像因为……生气了，或者我想你是不是在担心……

这样我们就可以找到了解情况的突破口。

4 以这些问题为出发点，向他提供意见和建议。

你现在有什么需求？　　我怎么做才能帮助你？

5 在发过脾气之后，让他去反省一下，然后将内心的感受说出来。

也许下次他会对我们说：

妈妈，我头疼得很厉害……我有些焦虑，因为我还有很多作业要做，在这种状态下，我没法好好学习。

他不洗澡

> 别跟我说你洗过澡了,你身上还有汗味儿呢!

> 我洗过澡了!

> 撒谎,我都没听见水声,你快点去洗!

> 我都和你说了,我洗过了!

> 你别恶心人,你身上都没有香皂味儿,快去洗!

真是不巧,孩子体味开始变重的时候,恰好是他不愿意洗澡的那个阶段。

那么他为什么不愿意洗澡呢?

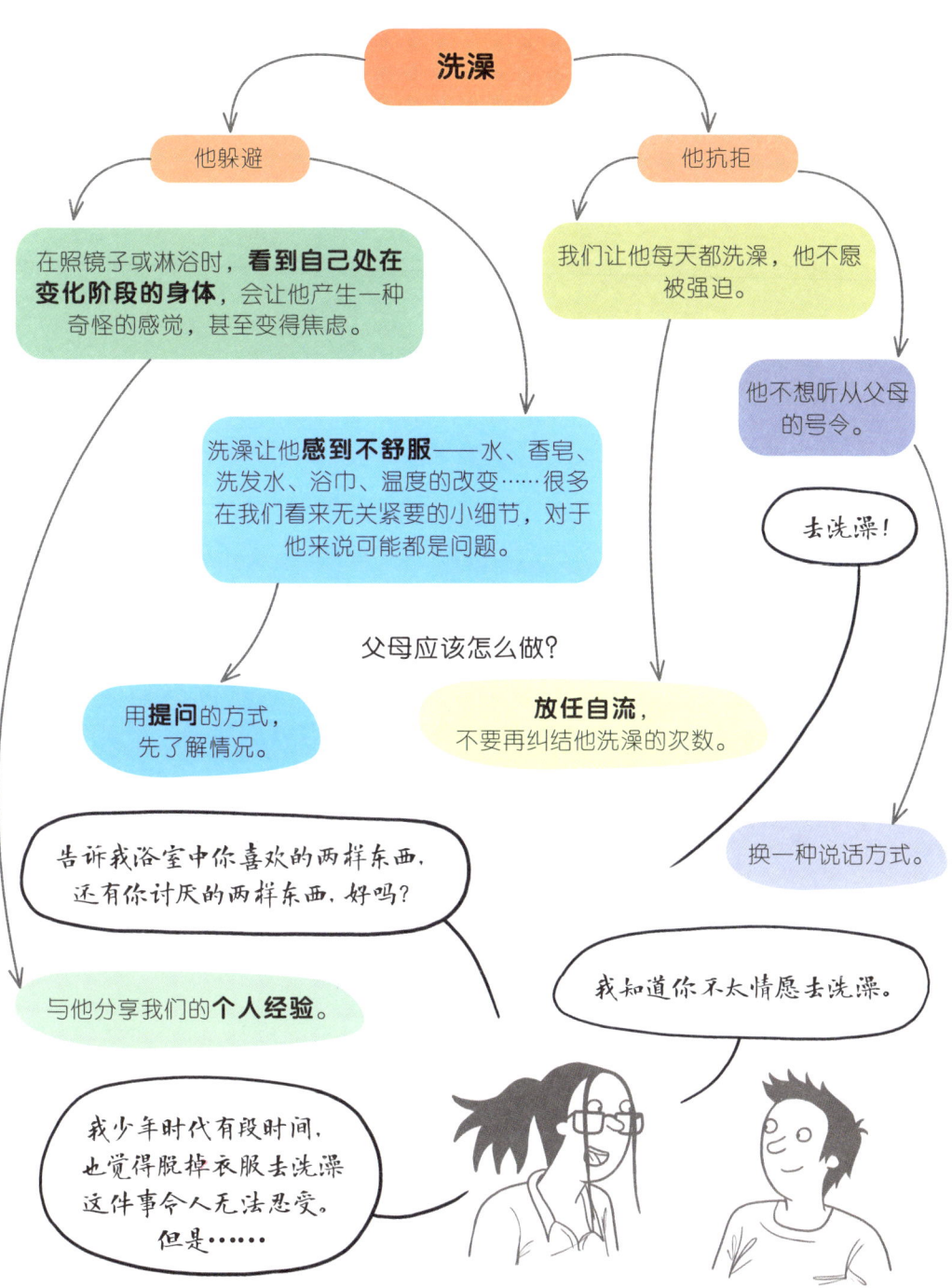

洗澡

他躲避

在照镜子或淋浴时，**看到自己处在变化阶段的身体**，会让他产生一种奇怪的感觉，甚至变得焦虑。

洗澡让他**感到不舒服**——水、香皂、洗发水、浴巾、温度的改变……很多在我们看来无关紧要的小细节，对于他来说可能都是问题。

他抗拒

我们让他每天都洗澡，他不愿被强迫。

他不想听从父母的号令。

父母应该怎么做？

用**提问**的方式，先了解情况。

放任自流，不要再纠结他洗澡的次数。

> 告诉我浴室中你喜欢的两样东西，还有你讨厌的两样东西，好吗？

> 去洗澡！

换一种说话方式。

与他分享我们的**个人经验**。

> 我知道你不太情愿去洗澡。

> 我少年时代有段时间，也觉得脱掉衣服去洗澡这件事令人无法忍受。但是……

注意：有一些青少年情况正好相反，他们洗澡洗得特别勤，然而这对皮肤是有害的，过度使用香皂会伤害皮肤，增生有害细菌，让体味变得难闻。

我们的孩子去哪儿了？

他饮食不健康

> 你这下午茶摄入的糖分也太多了吧!

> 你知道糖会……

> 行了,我在学校里听到的教训话够多了,在家里你就不要再说了!

这个阶段的孩子既成熟又幼稚。幼稚表现在他们的身体和大脑让他们去吃一些多糖、多盐、工业化的好吃食物。

但是他们也会理智地思考,究竟什么食物对身体是有益的。

他饮食不健康

外部原因
- 现在大家可选择的速食（快餐、熟食……）种类越来越多。
- 年轻人想聚餐，又不想花太多钱，只好选择烤肉、比萨、汉堡等食品。

内部原因
- 吃东西是应对青春期剧变（内心的紧张情绪、空虚感、恐惧、缺乏精力……）的一种方式*。

孩子的饮食营养越充足、越多样、越均衡，他的身体对"街头饮食"的承受能力就越强，我们成年人也一样！

开启讨论模式
改变全家人的饮食习惯，与孩子建立更亲密的关系。

改善饭菜质量
不需要额外花费过多的时间，比如，可以在周末的时候多备一些菜，平时注意搭配并改善口感。

让他自己决定吃什么
给他提供明确的信息，让他进行选择。

> 我给你发了个有意思的链接，你觉得怎么样？

> 我恰好看到了这篇报道，你也看看啊，然后跟我说说你的想法。

不要因为没有好好做饭而有负罪感，也不要批评孩子或者禁止他吃某些东西
这些行为会起到相反作用，而且这样做并不会让我们放松心情！

要是孩子吃零食，那我们就和他一起吃吧！

> 好了，别偷偷摸摸地从柜子里拿饼干吃了，过来，我们一起吃，顺便休息一下！

> 你找个漂亮一点的盘子装饼干，我去准备热巧克力，怎么样？

不要总觉得自己做得不够，做得不好，不要感到愧疚
我们只要尽力就可以了！可能这一周家里的饮食不够均衡，但是一周不能说明问题，要看长期的饮食状况！

---

* 这里我们不深入探讨关于饮食的问题（食欲过盛、厌食症、混合型病症……），因为这一话题需要一本书的内容才能全面地介绍，并且需要专业人士的参与。

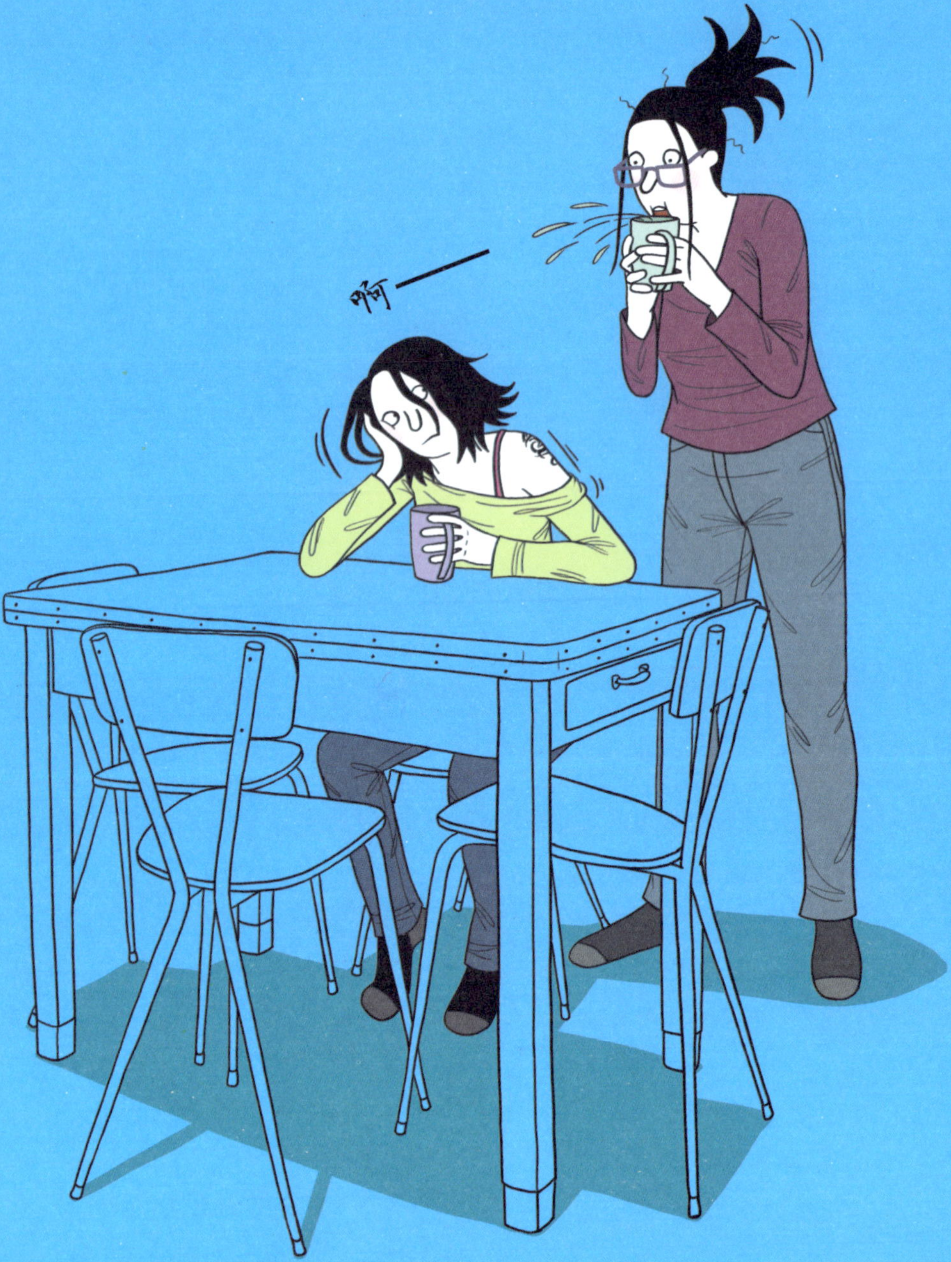

他脱离了父母的管控

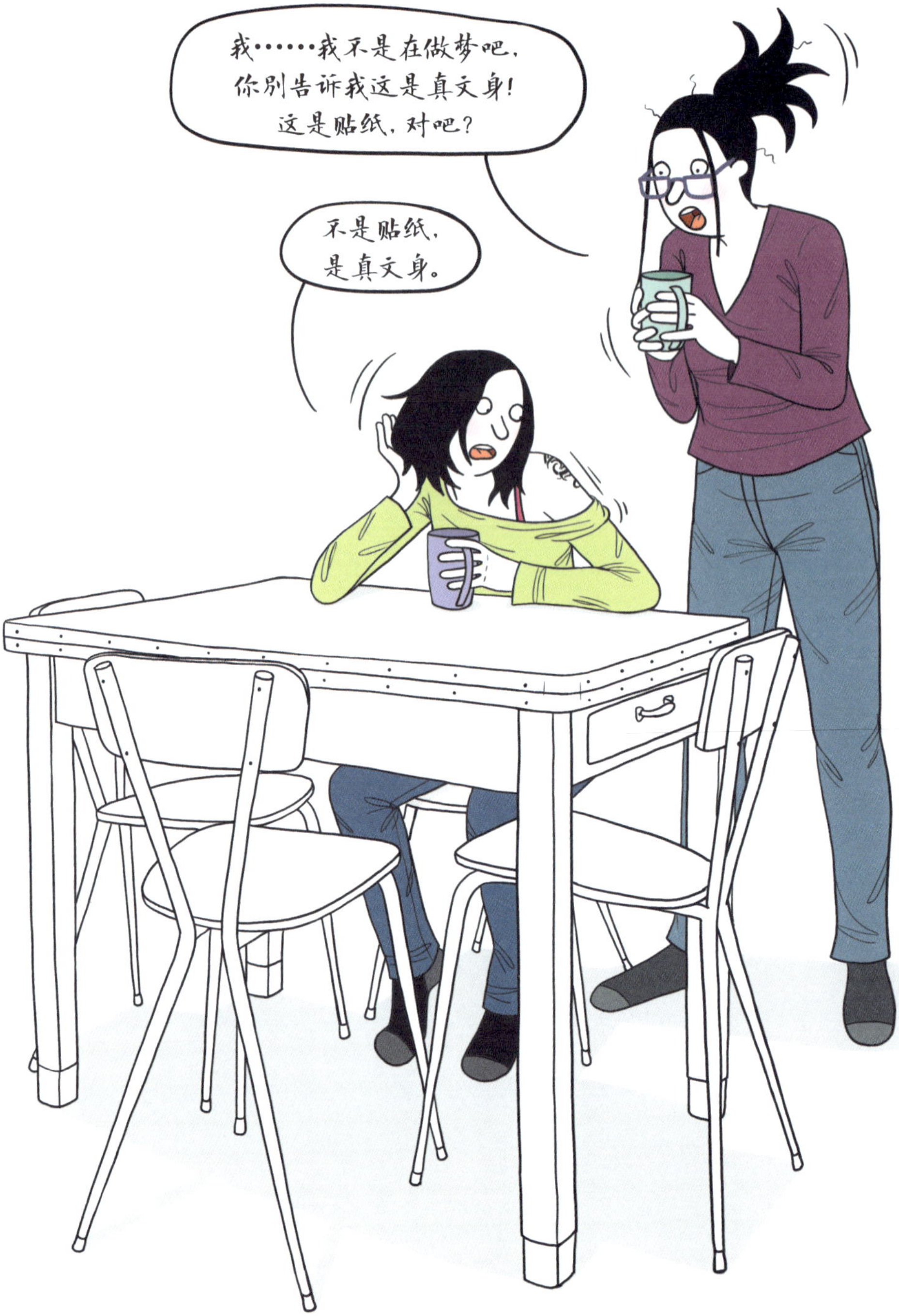
我……我不是在做梦吧，你别告诉我这是真文身！这是贴纸，对吧？
不是贴纸，是真文身。

哎呀！到目前为止一直都是我们来为孩子做决定，我们控制一切。然而现在他长大了，声称可以自己做主了，并且用一系列的行为向我们证明了这件事。但是他做的这些事并不都能让人放心，因此我们对他更加不信任，更加担心，觉得更应加强对他的管教！

他脱离了父母的管控

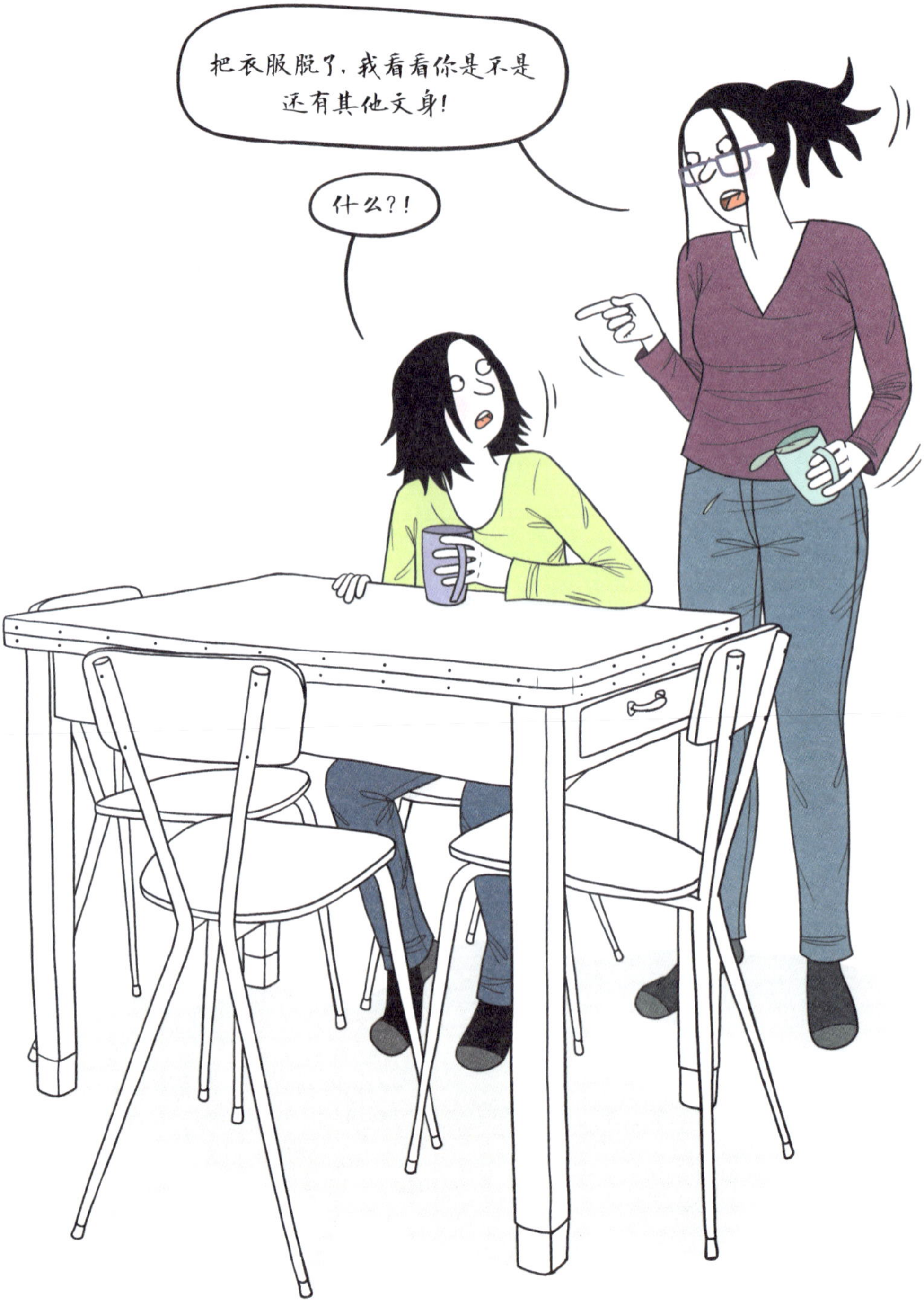
把衣服脱了，我看看你是不是还有其他文身！
什么?！

如何做到不对孩子管控过严,不用强迫的方式,就与孩子建立亲密的关系呢?在他走向独立的过程中,如何陪伴他、帮助他呢?

为什么放手是如此困难（管控当然也不容易），却又如此重要呢？

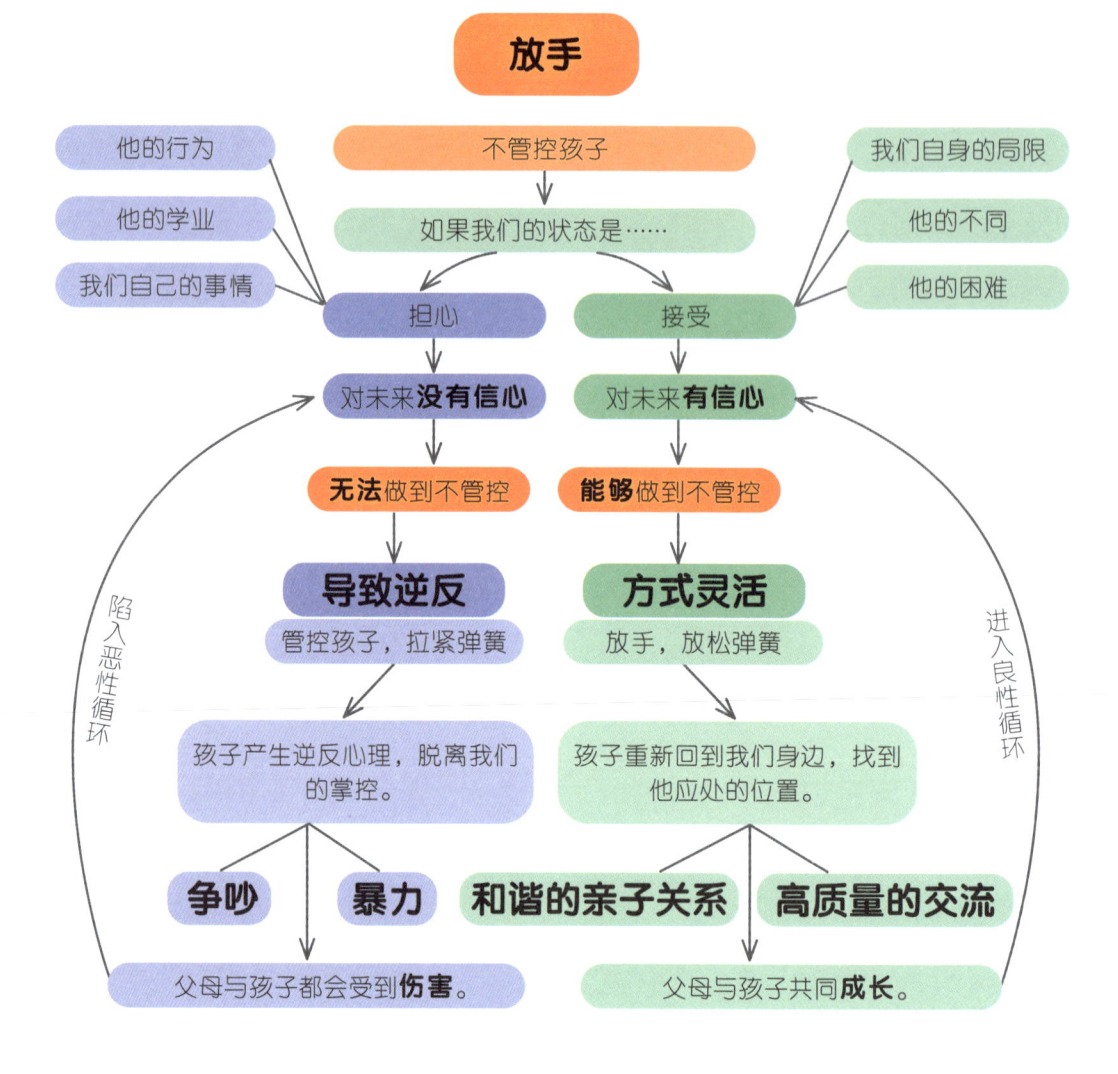

```
                            ┌──────┐
                            │ 放手 │
                            └──────┘

   他的行为          不管控孩子           我们自身的局限
   他的学业       如果我们的状态是……      他的不同
   我们自己的事情                         他的困难
                  ↓              ↓
                担心            接受
                  ↓              ↓
           对未来没有信心    对未来有信心
                  ↓              ↓
          无法做到不管控     能够做到不管控
                  ↓              ↓
              导致逆反          方式灵活
          管控孩子，拉紧弹簧   放手，放松弹簧
                  ↓              ↓
          孩子产生逆反心理，   孩子重新回到我们身边，找到
          脱离我们的掌控。     他应处的位置。
             ↓       ↓          ↓            ↓
           争吵    暴力    和谐的亲子关系  高质量的交流
                  ↓                      ↓
         父母与孩子都会受到伤害。     父母与孩子共同成长。

   （陷入恶性循环）              （进入良性循环）
```

但是如何才能做到放手呢？

- **放手**是一个**循序渐进**的过程，在这个过程中父母与孩子会慢慢地建立起信任。
- 学习**压力管理**的技巧，这会帮助我们与自身、与他人保持适当的距离。
- **接受**内心的情绪波动，尤其是担忧的情绪。

注意：放手不代表放任不管！这里的放手是适度的，是父母在青少年学习独立的过程中，保持谨慎，管控得当。

这么说我要努力提升自我，才能做到对她的合理管控了？
你可以从今天下午就开始练习提升自我，你可以陪着我，但别干涉我！

他随心所欲地穿衣

> 看我给你买的T恤，好看吧？

> 简直丑爆了！我可不穿！

> ……

> 妈妈，你别自己去给我买衣服了，你完全不懂我的喜好！

> 确实，我现在是完全不懂了……

穿衣风格不是十分重要的问题，但是它可以很直观地反映出一些深层问题。作为父母，无法再像孩子小的时候那样，决定他的穿着打扮，心里总有些不是滋味。

当他按照自己的喜好穿衣时

- 说明他接受了自己所属圈子的穿衣方式。
- 他在告诉我们，从今以后，他的穿衣问题由他自己做主，不要我们干涉。
- 他可能是想通过明确地反对我们的风格来进行挑衅。
- 他想显得与众不同。

我们对此应如何回应呢？

宽容但不肯定

> 好吧，你可以按自己喜欢的方式穿，但是不能要求我们赞许！

有区别地对待他的选择：有些衣服可以穿，有些衣服则不行！

接受他在日常生活中任意选择穿衣风格，但是在一些重要场合，要求他做出努力和让步

> 你上学时穿运动衫和球鞋没问题，但是去参加你表哥的婚礼时，要穿正式一点的裤子，还要穿皮鞋。

经常强调下面这个原则性的问题

> 我们不喜欢你穿的衣服，但是我们喜欢你。这是两码事。

耐心等待这个阶段自然过去

> 没有多少人到了60岁，还穿青少年的衣服！

如果他追求的外表不仅仅体现在穿衣风格方面，他还染发、在身体上打洞、文身……又该怎么办？

家长要给他定下明确的规则，以便他能自我约束，偶尔犯规也应在可接受范围内。

小的犯规行为要远远好过将自己置于危险中或者违犯法律。

> 成年之前不可以在身体上打洞。

> 不经过我们的允许不可以文身，文身之后后悔就晚了，要考虑好才行。

> 我知道你喜欢蓝头发，但是毕业之前不行！

他的网络社交多于真实社交

> 哈哈哈!
> 你在笑什么呢?
> 是一个朋友特别逗!
> 哪个朋友?是蕾雅吗?
> 不是,是你不认识的朋友!
> 那是谁?是同学吗?
> 不是!
> 那是在哪里认识的朋友?
> 哎哟,妈妈!

青少年以网络为媒介的交友方式限制了我们对他交友圈子的了解。我们很难了解他的社交行为。这会让我们产生挫败感,为他担心或过分好奇。

为什么与真实社交相比，青少年更喜欢网络社交呢？

- 因为他适应了**流行**的社交模式。
- 文字交流比面对面的交流**更容易**。
- 网络交流**无须走出家门**，可以待在自己的舒适区内。
- 网络交流的**可视性更强**，更便于理解。
- 网络交流（表情、动图、动画……）**更有趣**。
- 网络交流可以更好、更容易地**塑造自我形象**，甚至能够虚构人物。

网络社交吸引的不仅仅是青少年，实际上很多成年人也接受了这种社交模式。

既然成年人也进行网络社交，父母就可以与孩子就此进行交流，分享自己在**真实社交中遇到的困难**，并用不同的方法**鼓励**他进行真实社交。

- 借助**幽默**的、与他相同的**行为方式**。
- 当孩子邀请朋友到家里来的时候，要注意营造**良好的氛围**，这样他还会愿意再邀请朋友到家里来。
- 反复向他**提议**，让他去找朋友或者邀请朋友到家里来。
- **鼓励**他，为他进行真实社交**提供便利条件**（充当司机、准备下午茶、建议他出门活动……）。
- 孩子**过生日**的时候，给他制订一个有趣的计划，让他和朋友一起度过，他们可以打保龄球、玩射击游戏、滑冰、参加室外运动……

> 妈妈
> 蕾雅还好吗？你想邀请她来做客吗？ ☺

当父母看到孩子渐渐愿意进行真实社交时，就会觉得没有必要再去监视他在网络上和别人的聊天了（我们在担心的时候尤其喜欢这么做）。

当道路都被堵死的时候，我们更倾向于采取非常手段！而这并不能解决问题。

他脱离了父母的管控

他不肯与我们交流

你今天过得怎么样?

嗯……

跟我说说,你今天都上什么课了?

和平时一样!

那考试成绩出来了吗?

我不知道,学校的网站上都有,你可以去查啊!

唉,跟你说话可真难啊!

面对孩子的敷衍回答或是令人绝望的沉默,我们可能会坚持、会变得笨拙……但这只能让交流变得更加艰难!

孩子为什么会自我封闭？

- **他需要独处**，在整个青春期身心发生变化的时候他都想独处！
- 我们越坚持，他越自闭。
- 他更需要**和朋友交流**。
- 觉得自己被孩子忽视了。
- 觉得不被孩子理解、认可。
- 父母与孩子**交流**的方式**笨拙**。
- 父母缺乏同理心
- 经常与孩子发生争执。
- **冷嘲热讽**，让孩子恼火。

→ 不与父母交流

怎样做才能重新开启与孩子的对话呢？

- **倾听他的感受** 包括他的肢体语言。
- **告诉他我们对他的言行的感受。**
- **循序渐进，不要勉强**
- **把自责放在心里** 因为自责对事态的发展并没有帮助。
- **肯定他的感受** 当他讲述自己的经历时，我们要表示肯定但不一定赞许的态度，这里"肯定"的意思是：*好，这就是你的意愿吗？*
- **在短时间内，交流的内容** 完全围绕他的兴趣展开。

当我们需要就某一个话题与他交流的时候，和他确定一个时间。

在日常生活中，我们总是日程满满（看医生、剪发……），并为此留出空闲、做准备、准时会面，那么在家庭生活中，我们同样可以如此！

适合孩子的时间不一定适合家长，反之，适合家长的时间也不一定适合孩子。

> 你什么时候有时间，我有点事想和你谈谈……

> 嗯，等我做完这个！

> 好，那晚饭后怎么样？

> 好的！

如果他的自闭与独处问题表现得日益严重，那么就得研究一下原因了，还应该去找医生寻求帮助。这么做既是为了他，也是为了与他关系密切的我们。

他脱离了父母的管控　39

他一点都不听话

> 你快去洗澡！
>
> 不，我不想去。
>
> 快点，马上吃饭了。
>
> 不，我不去！
>
> 我警告你，你要是不立刻去洗澡，我就没收你的手机。
>
> 你愿意没收就没收吧，反正我不去！
>
> 好吧，你赢了，一周不许用手机。
>
> 你真是烦死人了！

在这种不断升级的争吵中，原本亲密的亲子关系会变得日益疏远。绝望之中，我们黔驴技穷，变得只会一味地惩罚孩子，剥夺他拥有东西的权利！

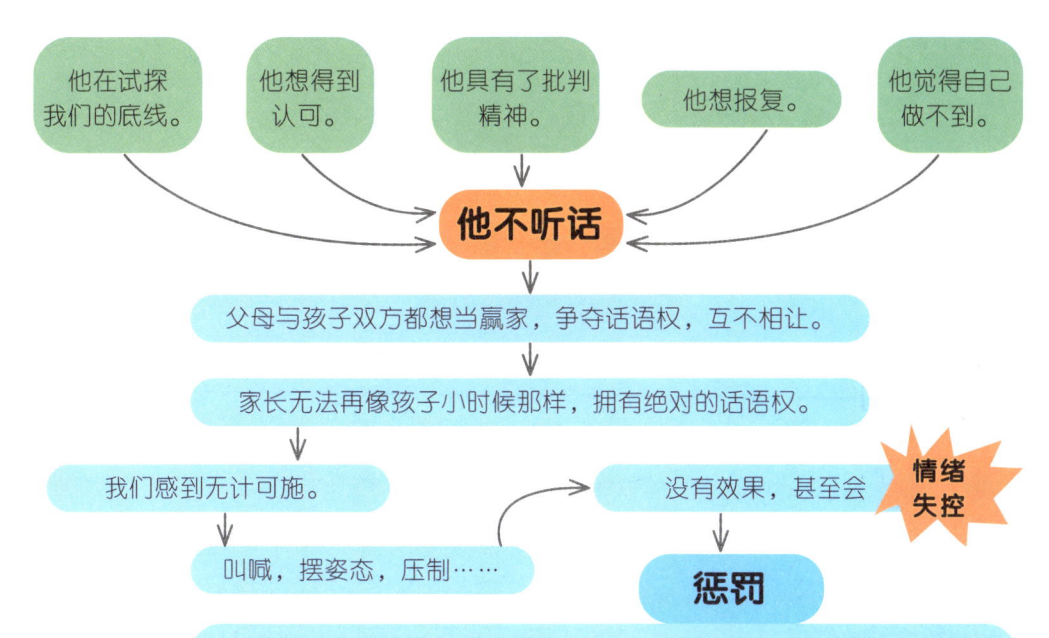

他在试探我们的底线。 　他想得到认可。 　他具有了批判精神。 　他想报复。 　他觉得自己做不到。

他不听话

父母与孩子双方都想当赢家，争夺话语权，互不相让。

家长无法再像孩子小时候那样，拥有绝对的话语权。

我们感到无计可施。 没有效果，甚至会

叫喊，摆姿态，压制……

情绪失控

惩罚

由于我们不知道如何做才能让孩子听话，所以即使明知惩罚孩子不是一种好的教育方法，但在无计可施的情况下，我们还是会选择这样做。

除了争吵、互不让步之外，我们还有什么解决办法呢？

现在孩子已经长大了，应该给他设置明确的、不可越过的底线，在出现问题时，和他共同寻找解决办法。

你为什么不愿意洗澡？　　　怎么做才能帮助你？

家长规定好哪些事情是可以商量的，哪些事情是不容商量的（不可商量的事情——保持清洁，可以商量的事情——洗澡的次数）。

告诉孩子我们不会强迫他，而是想寻求他的帮助和合作。

使用委婉的语气　　不要用命令的口吻。

去洗澡！

提出要求时，要尊重孩子。

你去洗个澡，好吗？

寻找折中的方案

我不强迫你每天都洗澡。　　但是如果我发现你需要注意个人卫生了，我会提醒你该洗澡了，你就照做，这样可以吗？

他脱离了父母的管控　41

他对整理房间有自己的理解

> 你能告诉我,你把这个比萨盒子放在卧室里是做什么用的吗?

> 啊,什么?

父母与孩子对"整洁的房间"定义不同。孩子的需求和我们的需求肯定是不一样的!

```
他把东西放在身边，     ←  他为什么会把东西      →  对家长权威的
这样用起来方便。          放得乱七八糟？            消极抵抗。
         ↓                    ↓                    ↓
他不认为有什么不妥，混     这是他内心混乱的         这是一个吓退父母，让他们不
乱并不会对他造成妨碍。     外在表现。              待在自己房间的好办法。
```

放心，这种现象只是暂时的，他现在没有条理，并不代表他成年之后仍然没有条理。我们当然应该尊重青少年的私人生活空间，但是这并不意味着我们会对他所有的事情都听之任之。问题的关键是要做出一个双方都可接受的约定，并想出一个行之有效的实施办法。

父母与孩子一起制定一个客观的、可量化的最低标准。

- 整理房间的标准是地上不能有东西，至少每周要有一天能达到这个标准，我们就定在周四吧！
- 需要洗的衣服要放进脏衣收纳篮里。
- 你的书桌也一样，扫除日那天要干净整洁。
- 你随意扔在公共活动空间内的物品会被放在收纳箱里，你需要做些家务才能把它们取回去！

如有必要，可以反复强调基本要求。

- 不许在卧室里吃东西！
- 简单的环境更适合思考。
- 用完牙膏，要把盖子盖好。
- 你能把床整理一下吗？

在他整理房间有所进步时，要不吝表扬。为他提供帮助，教他一些收纳方法（利用格子柜、标签……）。

- 你知道该如何按课程类别整理书吗？
- 要想找到它，你需要做什么？

他脱离了父母的管控

他不做家务

> 浴室怎么搞成这样！

> 顺手把衣服放到脏衣收纳篮里有那么难吗？

> 这不是宾馆！

> 别化妆了，帮我一把好不好？

他的习惯、需求和我们的相比，差别可真大啊！

他不做家务的原因

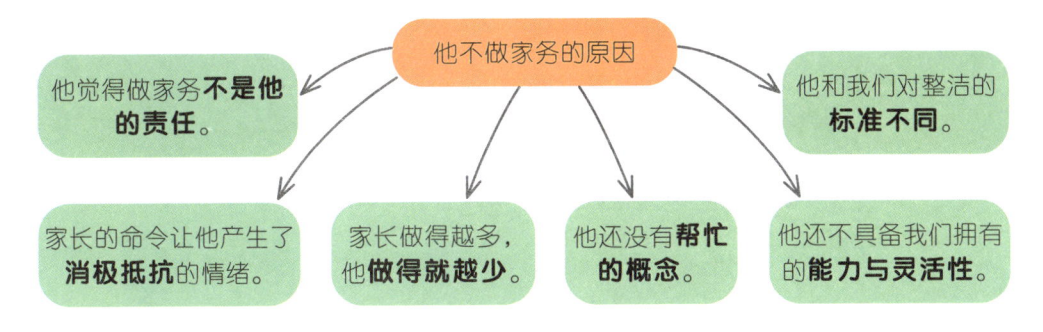

- 他觉得做家务**不是他的责任**。
- 他和我们对整洁的**标准不同**。
- 家长的命令让他产生了**消极抵抗**的情绪。
- 家长做得越多，他**做得就越少**。
- 他还没有**帮忙的概念**。
- 他还不具备我们拥有的**能力与灵活性**。

我们该怎么做？

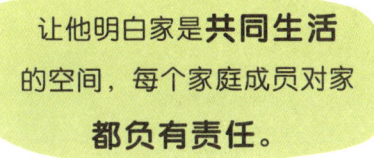

让他明白家是**共同生活**的空间，每个家庭成员对家**都负有责任**。 → 我们自身越是坚信这一点，孩子就越能遵守这一原则。

你知道吗，人总是容易忍受自己脏乱，但是看到别人这样就受不了。

每个人都应该为维持家里公共活动空间的整洁做出自己的努力。

和孩子一起列出应做的家务，并和他一起商量如何**分配任务**。

我们来做个小游戏试试看！

你觉得要让家里保持整洁，必须做的事情有哪些？

你列一张表，我列一张表，然后我们来比较一下。

因为习惯的形成需要时间，所以我们要时刻提醒他应该做什么，并且接受这个漫长的过程！

该整理床了！

你去清洗一下洗手池，好吗？

明天是扫除日！

他脱离了父母的管控

他手机不离手

我是不是应该给你发条信息,来问你汤好不好喝?

自从我们给他买了手机后,他就手机不离手了,真是让人追悔莫及!

他上网的时间越来越多,和我们在一起的时间越来越少。

而我们似乎也认命了,看上去我们并没有选择。

作为父母，我们是家庭里的领导者。

他的手里拿着手机，无暇他顾，我们的手可是空着的！

父母二人的忍耐力是不同的，但是关于孩子玩手机这件事，最好能"同仇敌忾"。

> 他对手机完全上瘾了，大清早就开始玩！

> 他要是上瘾的话，就会一刻不停地玩，他现在还有不玩的时候呢！

要弄清状况：他是既玩手机，又玩电脑和电子游戏机，还是只玩手机，用它浏览社交网站、玩游戏、看电影、找资料、看视频、看教程。这两种情况是不同的。

和他一起为手机找一个**固定存放位置**，不使用手机的时候就把它放在这个固定位置（比如放在书房的书架上）。

和他约定不使用手机的时间
- 吃饭期间
- 在饭店里
- 每晚在卧室的某段时间
- 看电影的时候
- 全家人一起活动的时候

态度要坚决，但是也不要排除特殊情况。
比如吃饭的时候，我们在谈话过程中需要查询信息……

学会从现象中看到本质

- 真正的问题不在于他一周之内发了3000条短信，而是他在为融入某个朋友圈子做努力。
- 真正的问题不在于他拿着手机整晚看视频，而是他的社交能力在退步。
- 真正的问题不在于他用手机玩游戏浪费了多少时间，而是他试图在游戏中忘记不愉快的经历。

他脱离了父母的管控

他不告诉我们他的恋爱经历

> 我走了,我要和朱莉、安东尼一起做个小演讲。

> 朱莉是谁?是你的女朋友吗?

> 她长得漂亮吗?

> 哈哈,你们真累人!

出于对孩子的尊重,加之谈论这个话题的时候父母有些腼腆,因此他们很快变得笨拙起来,从而错过了与孩子交流的机会。但是这个话题十分重要,对于处于青春期的孩子来说,这甚至是**最重要的话题**之一。

我们正处在这样一个阶段：

孩子脱离了我们的管控，在很多话题上都回避我们……

- 我们提议看电影，他哪一部电影都不想看。
- 我们在饭桌上提起某个时事话题，他完全不搭茬。
- 我们给他买了一件套头衫，他不想穿。
- 我们想和他谈谈专业方向的问题，他会生气地走开。

我们很难开口询问他的恋爱关系或性体验……而这些却是最为**关键**的话题！

我们该怎么做呢？

不要直截了当地提问，更不要随意开玩笑，而是抓住日常生活中的小机会，见缝插针。

不要八卦，而是从**关心他**的角度去提问。

不要说 "我好想知道你现在的恋爱状况" 而是说 "我很关心你现在的恋爱状况"

- 你和阿莱克斯的关系是不是不太融洽？你能找到解决办法吗？
- 你和安娜的约会顺利吗？
- 你注意到她了啊？
- 我觉得好像哪里不太对劲。
- 你想谈谈吗？
- 我觉得你最近心情不好/难以接近/状态不佳，我说的没错吧？

将我们认为重要的**人际交往技能**传授给他，如果我们在日常生活中与人交往时讲究技巧，孩子就会受到潜移默化的影响。

- 尊重自己，尊重他人。
- 关心他人，肯定他人。
- 为他人着想。
- 夫妻关系平等，双方互相尊重。

他拒绝一切帮助

孩子执拗地拒绝我们能提供的一切帮助，包括看医生、做心理辅导或课程辅导。

他为什么会拒绝一切帮助?

- 他想独自**处理问题**。
- 他觉得大家要帮他,是因为觉得他**无能**。
- 他害怕即使接受了帮助,还是**做不到**。
- 在他的朋友圈子中,**没有人**接受帮助(至少没有人承认接受过帮助)。
- 他觉得求助是**示弱**的表现。
- 他**不相信**别人的帮助真的会起作用。
- 他觉得他**不值得**父母为他花钱。
- 他担心如果帮助不适合他,他会陷入**进退两难**的境地。

我们怎么做呢?

不能强迫他接受帮助。

> 你去上数学课!

试着动之以情,晓之以理。

> 我像你这么大的时候,补习过英语,这对我帮助很大。

> 你也试试补习数学怎么样?真的会对你有帮助的。

如果在他拒绝的时候

他还没有得到帮助

- 宽慰他,让他明白接受帮助的意义。
- 我们没有期待奇迹会出现。
- 我们只是尝试一下。
- 我们逐步推进,在每一阶段,都估测一下接受帮助的效果。

他已经得到了帮助

- 宽慰他,鼓励他尝试其他办法。
- 有时第一步很必要,但是还不够。
- 有时他人提供的帮助并不合适,可能因为提供帮助的人能力不够,或是提供的帮助不符合需求。

他脱离了父母的管控

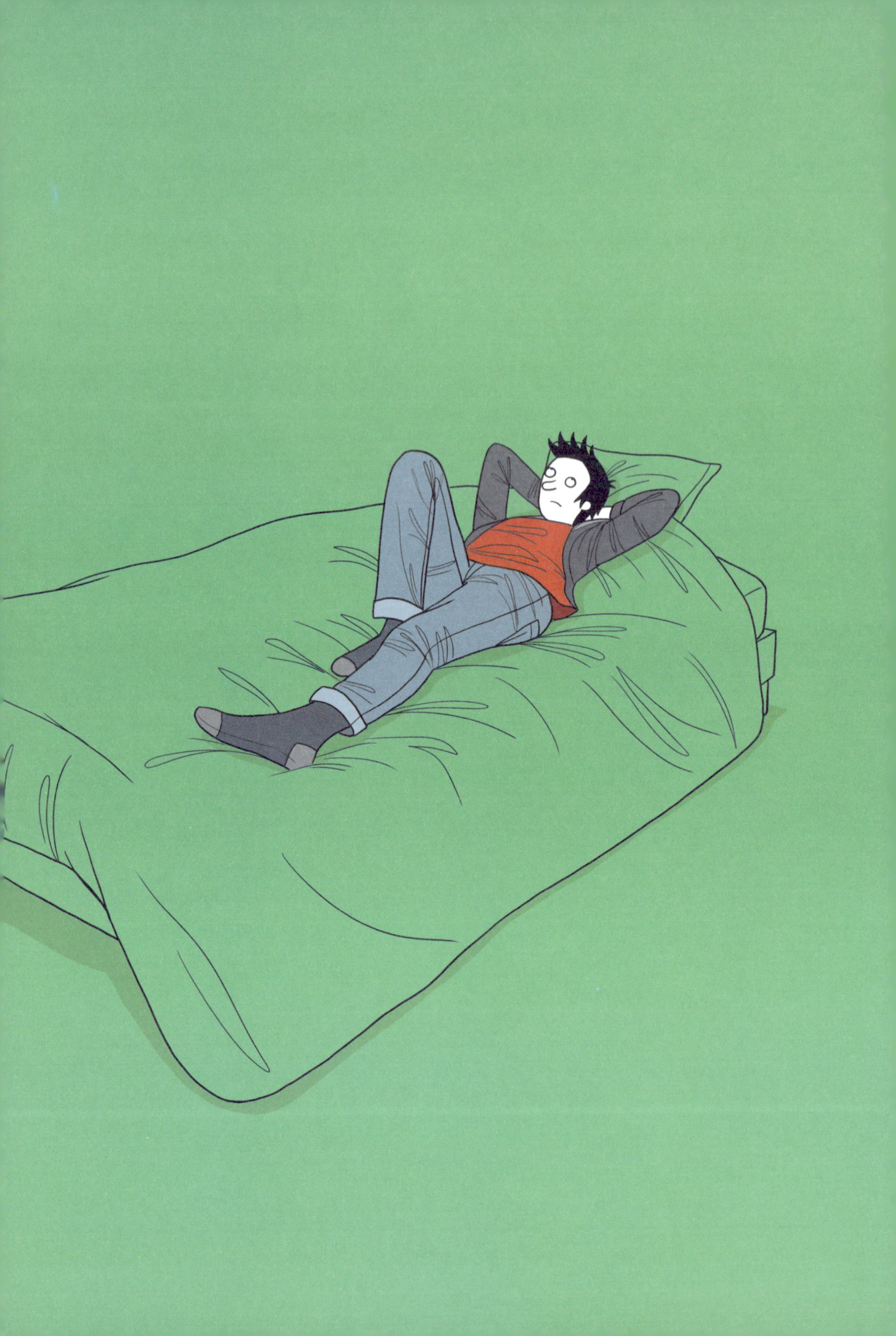

他将来会变成
什么样子?

我简直不敢相信自己的眼睛，你这成绩单真是惨不忍睹！
你看到老师的评语了吗？
“完全不努力。”
“总在等待下课。”
“和同桌聊天，不听课。”

他们的课一点意思也没有，我无聊死了！
没有意思？除了你的朋友和游戏，还有让你觉得有意思的东西吗？
嗯，有啊……
有？那你怎么什么活动都不参加了？！

你这一年真是没少给
我们惹麻烦！
偷偷刷我们的银行卡
去充钱打游戏。
出去玩，醉醺醺地回家。
零花钱不去买车票，
却用来买烟。

父母容易陷入眼前的困境中无法自拔，我们会情不自禁地想象孩子将来的样子，觉得他成年之后还会和现在一模一样，而忽略了孩子在成长过程中会发生的改变！

家长的忧虑会产生一些负面想法，这会让情况变得更加不乐观，对孩子能力的培养完全没有益处。

"没什么好说的，我们正在通往悲剧的道路上越走越远！"

"给青少年当父母，简直就是在好莱坞拍大片！"

让人气馁的 **负面想法**

- 他将来会失业。
- 他将来找不到自己喜欢的工作。
- 他将会居无定所。
- 他可能会犯罪。
- 他可能离不开治疗了。
- 他永远也学不会适应环境了。
- 他早晚得进精神病院。
- 他永远也不会有固定的伴侣。
- 他将来无法组建家庭。
- 他会一直孤单。
- 他在社会上会受人排挤。

我们面对的对象是自己的孩子，家长的感受会对他产生一定的影响。如果你觉得他将来的生活会一团糟，那这种担心很可能就会变成现实。

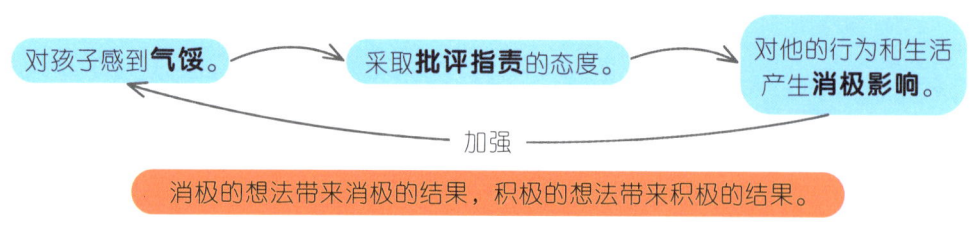

对孩子感到**气馁**。 → 采取**批评指责**的态度。 → 对他的行为和生活产生**消极影响**。

加强

消极的想法带来消极的结果，积极的想法带来积极的结果。

这就是吸引力法则！

58 正面管教

因此我们应尝试一下积极的思考方式，去发掘孩子的能力。

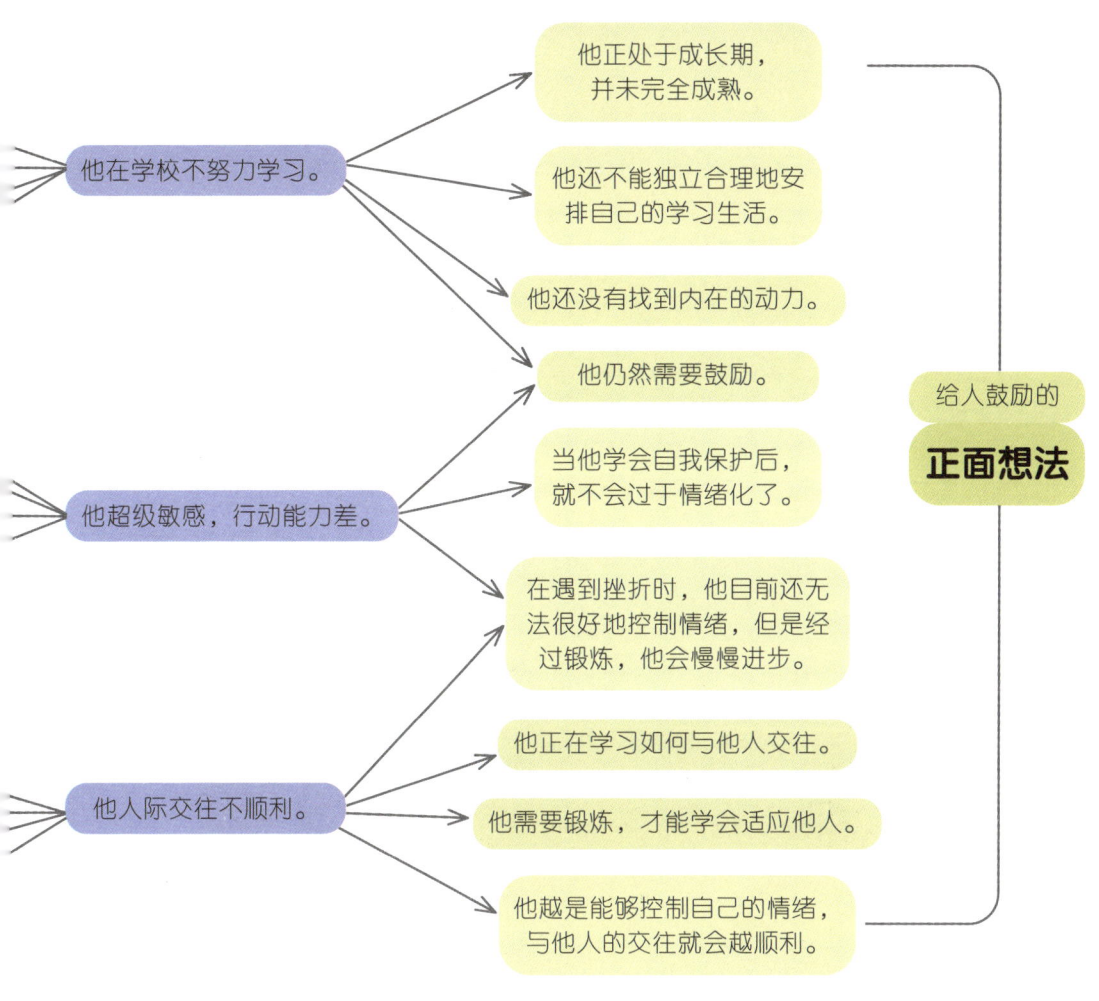

```
                    ┌─ 他正处于成长期，并未完全成熟。 ─┐
                    │                                  │
他在学校不努力学习。 ─┼─ 他还不能独立合理地安排自己的学习生活。 ─┤
                    │                                  │
                    └─ 他还没有找到内在的动力。 ──────┤
                                                       │
                    ┌─ 他仍然需要鼓励。 ──────────────┤  给人鼓励的
                    │                                  │
他超级敏感，行动能力差。┼─ 当他学会自我保护后，就不会过于情绪化了。├─  **正面想法**
                    │                                  │
                    └─ 在遇到挫折时，他目前还无法很好地控制情绪，但是经过锻炼，他会慢慢进步。 ─┤
                                                       │
                    ┌─ 他正在学习如何与他人交往。 ─────┤
                    │                                  │
他人际交往不顺利。 ─┼─ 他需要锻炼，才能学会适应他人。 ─┤
                    │                                  │
                    └─ 他越是能够控制自己的情绪，与他人的交往就会越顺利。 ─┘
```

改变我们看待孩子的方式，会对孩子的行为与生活体验产生影响。

用**信任**改变我们看待孩子成长的方式。 → 采取能够**鼓舞**他的态度。 → 对他的行为和生活**产生积极影响**。

—— 加强 ——

我们的大脑对消极事物的反应比对积极事物的反应更灵敏，这是因为大脑有探测威胁的功能。这是一种自动模式。

因此我们要看到进步总是更慢，而且需要毅力与磨炼。

我们要记住：教育孩子的困境中，蕴藏着让孩子和家长进步的最好的机遇。

他不喜欢参加活动

> 赶紧去准备，钢琴课要迟到了！

> 我不想去！

> 你是在逗我玩吗？钢琴课多贵啊！

> 你真是太让人失望了……

> 你得继续上课，就这么定了，你别跟我找任何借口！

> 好，我去，但是我不弹！

当孩子表现出不想参加某些活动的时候，我们很快就会变得严厉起来，要么采取"铁腕"手段（不惜一切，强迫他继续），要么采取放任的办法（他刚一抗议，我们就妥协了）。

他不想参加活动的原因

- 学习任务繁重。
- 在**电子设备**上花的时间过多。
- 他的兴趣发生了**变化**。
- 他不知道如何在团体中找到自己的**位置**。
- 更想参加**网上活动**。
- 他觉得自己**不擅长**那项活动。
- 这项活动对他来说**不够刺激**，没有动力。

那么在孩子表现出要放弃的迹象时，家长该如何做呢？

找时间和他进行交流，了解他的需求。 → **倾听，然后做出相应的回答。**

他给出的理由中可能还隐藏着其他的理由，比如"这个老师特别差劲"的隐藏含义可能是"我觉得自己没有得到鼓励"。

家长要向自己提问。

- 这是真实原因吗？
- 他是不是学习太忙了？
- 其他活动太多了？
- 他在电子设备上花了多少时间？
- 是不是水平不同的问题呢？
- 他在团队中与他人的关系怎么样？
- 是不是因为我自己喜欢这个活动才让他参加的？

- 你坚持到暑假，之后我们再做打算。
- 你坚持到年底，在作业多的时候，你可以缺席一周。

如果再有机会，和孩子一起商量活动计划。

- 告诉他一周至少要参加一项活动，但可以让他自由选择活动。
- 除了特殊情况外，在一年中不要中断计划。
- 做一个中期总结，如需要，可对活动进行调整。

强调校外活动的重要性。

- 为了丰富校园生活以外的经历。
- 为了发掘才能、潜力，提高个人能力。
- 为了在集体生活中获得进步。

他做不到有规律地学习

> 你不需要为明天的功课做准备吗?

> 不,什么也不用准备!

> 怎么会不用呢,至少得预习一下吧。

> 这样就可以了。

> 什么"这样就可以了",开家长会的时候,老师说了,每天晚上都要预习功课。

> 但是我不用!

当我们发现孩子不学习,而我们又已经无法强制他学习的时候,就会感到惊慌失措。

为什么他做不到有规律地学习？

- 他上完一天的课，十分**疲惫**，晚上无法继续学习。
- 他觉得已经**掌握**了学习内容。
- 他对学习的内容**不感兴趣**。
- 他觉得**还有时间**。
- 他**没有期末考试**，或者离期末考试的时间还很遥远。
- 他一想到要完成的作业就**打怵、焦虑**。
- 他看不到学习对未来的影响，对此**没有概念**。
- 他还**没有学会如何学习**。

我们应该帮助孩子逐步建立自己的学习框架。下面提供了几种方法：

让学习变得简单起来。

- 告诉他可以将**体力运动**与脑力运动结合在一起。

  > 其实有时候我们一边运动一边学习效果更好。你觉得哪些运动会对你有帮助？

- 告诉他可以将**学习内容分割**成更小的任务单元。

  > 如何将这一课进行分割，才能学起来更容易呢？

- 告诉他可以在学习中间进行短暂的、有益的**休息**，从而更有效率地学习。

  > 要是因为害怕无法再进入学习状态而不休息，是不可能一直坚持下去的。

> 学习用的东西都准备好了吗？

告诉他管理精力的办法。

> 我看到一个视频，讲的是如何通过运动让自己精力充沛、注意力更加集中，你想试试吗？

- 建议他列一张任务单，完成一项后就画掉一项，从而获得满足感。

  > 你每完成一项任务，就把它画掉，看到任务渐渐变少，会让你更有动力。

为他的学习提供实质性的支持（我们自己帮助他或借助外界的帮助），从而有助于他解决：

- 由于学习障碍导致的各种学习困难。
- 由于缺乏组织能力或方法不当导致的各种学习困难。

他容易受他人影响

> 这是什么……你放学后表现不好？！

> 我没做什么不对的事情，我的朋友都得到了这个评语！

> 你真的不能再和这群朋友在一起了，他们都把你带坏了！

> 这是哪儿跟哪儿啊！

对于青少年来说，最重要的事情之一就是拥有自己的朋友圈子，并在这个圈子里拥有自己的位置。对于小孩子来说，有家庭就足够了，而当孩子渐渐长大后，同类人的圈子才是重要的。

青少年具有什么样的特征？为什么会容易受他人影响？

寻找

- 自己的**位置**
- 自己的**行为方式**
- 自己的**身份**
- 自己的**爱好**

一份**有影响力的友谊**或是属于某个**朋友圈子**可以让他……

- 找到自我和自己的位置
- 找到自己的行为方式
- 通过模仿，构建自我
- 找到自己的爱好

归属感、易构建、安全感

出现问题的时候

- 学习受到影响的时候。
- 切断与家人联系的时候。
- 失去判断力，过于依赖他人，不懂拒绝的时候。
- 行为出格的时候（违犯法律、激进……）。

家长该如何应对？

预防的方式

- 防微杜渐。
- 态度和善地管教他。
- 培养他的自尊心。
- 保持与他交流、对话。

在已经发现苗头后

- 试着弄清楚发生了什么事情。
- 倾听，但不做评判，并复述一遍他的话。
- 明确家长的角色，说出我们的想法。
- 问问他在经历的事情中学到了什么。

- 你能告诉我发生了什么事吗？
- 这么说，他们没有去找犯错的人，而是惩罚了所有人，对吗？
- 而你也是圈子里的一员！
- 经历了这些事，你有什么收获？

- 和孩子一起去寻找解决办法，为下一次遇到类似的事情做好准备。
- 为他提供其他建议（换学校、换活动、寻求专业人士的帮助……）。

- 如果下次你的朋友再做这样的事，你该怎么做呢？

他将来会变成什么样子？

我们不喜欢他的女（男）朋友

> 你看到咖啡露台那里坐着的那个男孩儿了吗？那是我新交的男朋友。

> 啊，我不太喜欢他。

> 嘿，妈妈，你都不认识他！

孩子刚刚开始谈恋爱时做出的选择可能让我们感到惊讶，甚至是受到惊吓。

这并不是品位的问题，而是我们担心孩子。我们可能会害怕：

- 他遭受痛苦
- 他被人欺负
- 他不是心甘情愿的
- 他不再与我们交流
- 关系不长久

我们可能会由于对方与我们孩子的差异感到不适应：

- 不同的社会文化阶层
- 不同的家庭背景
- 不同的价值观
- 来自不同的地区

还有一种特殊情况，孩子自己告诉我们（或者父母自己发现）他是同性恋。

那么在失望之余，从长远来看，应该如何与孩子保持亲密的关系呢？

让他自己选择自己的生活，不要多加评判。

- 这对他来说是一种体验，他在摸索、寻找自我。
- 家长的反对只能适得其反。
- 相信他能从错误中吸取教训。
- 在必要的时候监管他、询问他。

允许他开辟自己的"秘密花园"，接受自己不能进入其中的事实（同时我们也有自己的"秘密花园"，不允许他进入）。

青少年的秘密花园
他的初恋以及最初的性体验。

交流空间
在这个空间中，我们要为孩子提供帮助，满足他倾诉的需求。

父母的秘密花园
我们的私生活以及各种经历。

陪在他身旁，为他提供**帮助**。

- 当他想向我们倾诉的时候。
- 当他想向我们寻求具体帮助的时候。

他将来会变成什么样子？

他被人纠缠

> 我要去打破这个混蛋的脑袋!

> 我要去给他妈妈打电话,她会听我说的!

> 我就知道不应该跟你们说这件事!

被人纠缠的经历很痛苦,孩子肯定会受到伤害,出于种种原因*,他很可能会对我们倾诉。

* 见第162页。

我们不要错过一些不明显的迹象，

如果没有注意到最开始的迹象，接下来他可能会出现非常明显的异常表现。

身体某处的疼痛
- 皮肤问题（疣、湿疹、牛皮癣……）
- 头痛
- 腹痛（痉挛、腹泻……）

学习成绩下降

越来越不愿意去上学

在家里也总是**独处**

有**自残**甚至**自杀**倾向

自闭

焦虑抑郁

无精打采

交流至关重要！

我觉得你最近食欲不太好。我没说错吧？

你现在经常来往的人，他们懂礼貌吗？

通过各种办法（电视节目、电影、他人的亲身经历）让他接触到一些关于纠缠这一行为的**信息**。

如果孩子愿意向我们讲述他的经历，要尽可能用**冷静、包容**的态度倾听他的讲述。

向孩子提议进行**角色扮演**或**情景再现**，帮助孩子增强自尊心。

我来扮演纠缠者的角色。

假设他对你说"你长得可真丑！"

你要怎么回答才能让他觉得你根本不在乎他的话呢？

一定要严肃看待他人对孩子的纠缠，并积极**应对**。

带孩子去看心理医生，帮助他改变自己的姿态。

寻求学校的帮助。如果骚扰孩子的是一个集体，那么解决方案也要借助于集体。

如果事态没有好转，要采取其他办法。

向教育监察部门**求助**。

起诉，因为骚扰已经构成了违法行为。

把为孩子**转校**当成最后的选择。

他尝试吸烟、喝酒

当看到孩子开始尝试吸烟、喝酒的时候，父母怎么能不担心呢？

但是同时我们又觉得无能为力。

可是大家在年轻的时候——也许现在也还在继续——谁没经历过这个阶段呢？如果孩子是偶然为之，只是想尝试一下，并没有失去理智，不会立刻产生危险，这或许算不上一个特别严重的问题。但是如果事情发生了变化，又该怎么办呢？

青少年为什么尝试吸烟、喝酒？他在哪些方面会认为自己比较脆弱？

- 好奇心
- 找存在感
- 逃避某个问题
- 打发无聊
- 模仿他人
- 麻醉情绪
- 寻找刺激和补偿
- 解决心理问题

无法克服的恐惧、剧烈的心情波动、奇怪的感觉、各种痛苦的经历……

- 喝酒是为了抵抗抑郁，吸烟是为了放松。
- 喝酒是为了寻求平静、自我麻醉。
- 喝酒、吸烟是为了增加多巴胺的分泌，让自己快乐起来。

父母最大的恐惧是孩子会从开始的偶然性尝试，变成后来的长期依赖。

不要着急担心，先了解一下孩子目前的状况。

尝试 —— 娱乐、社交作用 —— 经常使用 —— 过度使用 —— 产生依赖（经常有戒掉的想法）

尽量针对问题做出回答：

- 不要因为恐惧就对他大加指责，咄咄逼人。
- 去了解产生问题的根源，而不是仅仅去寻找可以减轻他对烟和酒的依赖的办法。
- 将精力放在关键的问题上。
- 让他了解这一行为的危险性。

"我们真得谈一谈了。"

"你对我很重要，是我珍惜的宝贝。"

"你知道经常喝酒会损伤记忆力吗？"

"尽管我想禁止你的行为，但我无法强迫你。只有你自己才能决定自己的生活。"

- 不要再用禁止的办法，而要激起他的责任感。

如果情况变得严重，我们应该寻求专业人士的帮助。

他不会有计划地花零用钱

不论是孩子在一周之内花光了一个月的零用钱,还是他过分节俭,甚至到了抠门的地步,都说明他不会有计划地花零用钱。

他还**没有学会**。

他没有意识到金钱的**价值**，不知道赚钱的艰难。

他想取悦自己，**过度消费**，通过购物来**填补内心的空虚**。

他觉得父母会**一直养着他**。

他**没有安全感**，害怕失去，一点钱也不想花。

他不会有计划地花零用钱。

他看不到没有计划花钱会产生的**后果**（银行卡冻结、负债……）。

担忧

他将来独立生活时该怎么办呢？

他会在银行失去信用！

他肯定会负债累累！

不要忘记

管理预算，也是一点一点学会的本领！

因此

要循序渐进

宽容地对待他的出格行为，因为经验要靠摸索、试验、犯错才能获得。

提前告诉他**零用钱**的**用途**。

这笔钱是车票钱，还有周三的饭钱，不能用来做其他的事。

如果你超出了预算，我不会再额外给你钱。

父母与孩子双方签订并遵守协议。

有了这笔钱，你就获得了某些权利，但同时也要承担相应的责任。

将每月的固定收入与支出列出来，**算算账**，通过这种方式来教他学会**有计划地消费**。

让他自己**规划**，父母不要干涉，如果他的计划行不通，再和他一起商量。

如果出现了**赤字**：

如果他的需求是必要的，我们可以借给他钱，或者直接给他钱。

如果他的需求不是必要的，不用理会，让他自己感受挫败，他会从错误中吸取教训。

他将来会变成什么样子？　73

他对什么都不感兴趣

"你能不能别做出这副不情愿的表情?把你的手机放下,好好看看这个优秀的展览,行不行?"

"'优秀的展览'……现在下结论太早了吧!"

"除了你的游戏……还有什么东西能提起你的兴趣吗?"

当父母试图和孩子讨论某个话题的时候,很快就会后悔——无论是关于文化活动,还是电影——这确实让人沮丧。

他对什么都不感兴趣

- 和父母**唱反调**。
- 受到外界的**不良影响**。
- **难以表达出**自己的想法。
- **不适**
- **消极、懒惰、失望**而缺乏动力……
- 事实并非如此，只不过孩子感兴趣的东西**和父母不一样**罢了。
- 他觉得自己**达不到**那个**水平**（由于缺乏知识、论据、经验……）。

那么为什么不换一种方法呢？

通过提问的方式，去了解他的兴趣爱好。我们在提问的时候要表现出真正感兴趣，并且不要对他的兴趣品头论足。

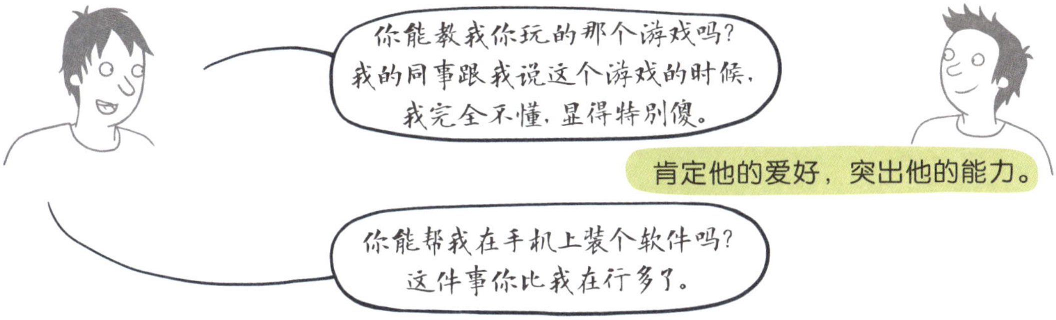

> 你能教我你玩的那个游戏吗？我的同事跟我说这个游戏的时候，我完全不懂，显得特别傻。

肯定他的爱好，突出他的能力。

> 你能帮我在手机上装个软件吗？这件事你比我在行多了。

向他推荐其他东西，发展他的兴趣。 **和他达成协议，帮助他努力发现新事物。**

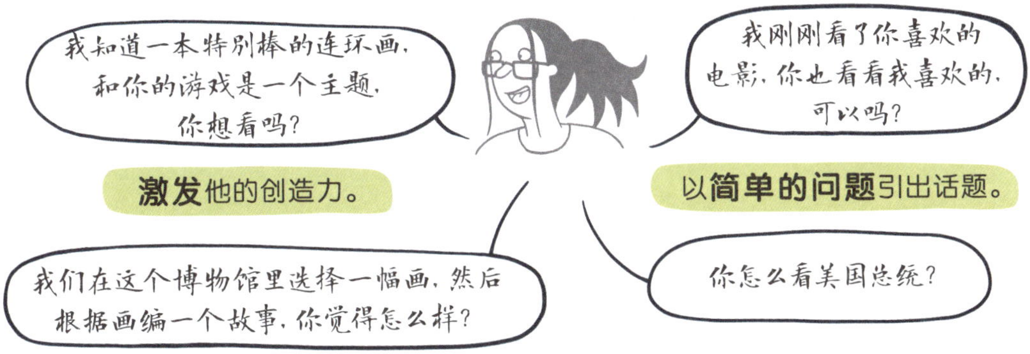

> 我知道一本特别棒的连环画，和你的游戏是一个主题，你想看吗？

> 我刚刚看了你喜欢的电影，你也看看我喜欢的，可以吗？

激发他的创造力。 **以简单的问题引出话题。**

> 我们在这个博物馆里选择一幅画，然后根据画编一个故事，你觉得怎么样？

> 你怎么看美国总统？

要知道，在讨论开始的时候，他给出的答案会比较单调、谨慎。

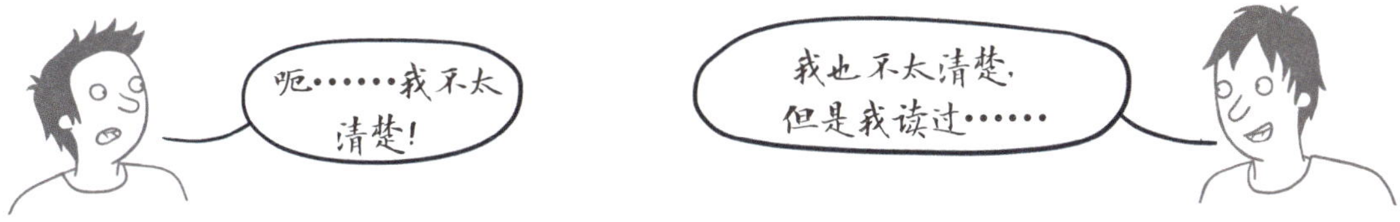

家长要学会倾听，并在交流中为他补充观点，不要批评他。

> 呃……我不太清楚！

> 我也不太清楚，但是我读过……

他将来会变成什么样子？

他不会做选择

> 哎呀,这个专业方向表明天就要交上去了,你做出最终的决定了吗?

> 我不知道……我还在犹豫!

> 这可不是选择冰激凌的口味,这件事很重要!

> 唉,冰激凌的口味我都不知道怎么选呢,你想象一下现在对于我来说这个选择有多难!

对于青少年来说,选择专业方向是一件具有决定性的事,这会让他感到焦虑。

他表面上的若无其事或幽默通常掩饰着他内心的慌乱。

而父母如果感情用事,就无法为孩子提供帮助!

他不会做选择的原因

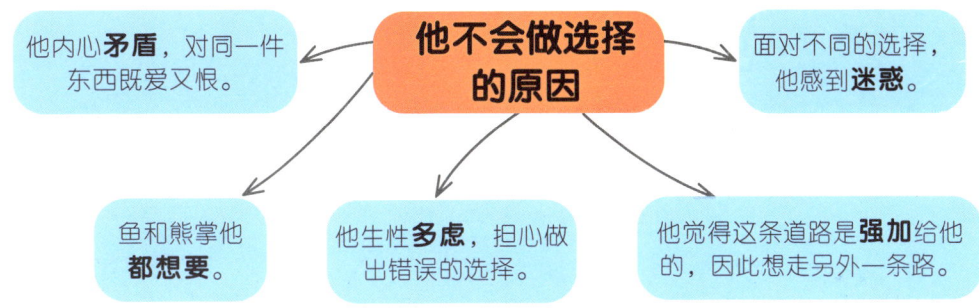

- 他内心**矛盾**，对同一件东西既爱又恨。
- 面对不同的选择，他感到**迷惑**。
- 鱼和熊掌他**都想要**。
- 他生性**多虑**，担心做出错误的选择。
- 他觉得这条道路是**强加**给他的，因此想走另外一条路。

那么家长该如何做呢？

与孩子一同建立一个思考的空间。

- 不要想着立刻能找到答案。
- 让思考空间具有开放性。
- 思考空间内可以有不同的意见。

> 我们花点时间好好考虑一下，好吗？

> 去征求一下各方的意见，这很重要。

> 要知道，我们的意见不同也是正常的。

- 为孩子提供思考的方法，帮助他做出决定。
- 列一个**表格**，在上面标注出每个选择的优势与劣势。
- 在每个选择下面，写出**我们**的疑虑，还有**他**的疑虑。
- 上几堂**提高修养的课**，或加强对自身的了解，以做出合适的选择。
- 接受**他人**的帮助，以更好地进行选择。

他不会从经验中吸取教训

> 我下公交车的时候,手机掉到地上摔坏了!

> 你瞧,我说什么来着,我早就劝你安个手机壳!

> 那你今年就别用手机了,这回你就能长记性了!

> 但没有手机的话,你怎么和我联系啊?

> 啊……好吧,这次就这么算了,我给你买一个新手机,但是这回你得安个手机壳!

> 不要,手机壳太丑了!

让青少年承担责任可不是一件容易的事。

家长希望保护孩子,不让他们有不愉快的经历(比如遭受挫折),因此总是纵容他。

从短时间来看,这样的做法让人愉快,会产生积极的效果。但是从长远来看,这样做孩子能否得到发展呢?

如果父母将错误、蠢事、失败、困难当成契机，加以利用，它们都会成为孩子学习的机会。如果我们试图：

- 代替他纠正错误
- 不让他自己去寻找答案
- 批评他"我早就和你说过"
- 长篇大论地进行说教

那么他就不会从经验中吸取教训

要想帮助他，

首先要接纳他的感受：

挫败　失望　痛苦　羞愧　尴尬　气恼　气馁

立刻（或根据经验推迟一阵）向他提出关键的问题：

> 你从这次经历中学到了什么？

其他类似问题：

- 要想不再发生这样的事，你打算怎么做？
- 那么，你现在有什么感受？
- 现在你打算从何做起？

在提出问题之后（注意：一定要在之后）我们可以问他：

- 你需要我的帮助吗？
- 我能帮你做什么？
- 我能为你做些什么吗？

最后，在必要的情况下，我们可以为他制订一个行动计划来弥补他犯的错误，完善他的表现，克服他的困难等。

保持亲密的关系

当我们的第一个孩子来到这世上，我们就开始了为人父母的经历。这似乎是不言而喻的事情，但是关于怎么去做父母，要探讨的内容就多了……这几乎可以被看作是一场革命！无论你为孩子的出生做了多么精心的筹划和准备，还是他以意外的方式进入了你的生活中，孩子的出生都是一条明确的分水岭，你的生活由此发生了天翻地覆的变化！

经历几个月的时间，我们适应了新生活，在他学会说话之前我们就能够明白他的各种意图，然后我们看着他学会了站立、走路、说话、吃饭、开始各种体验、学会试探我们的底线、知道自我肯定，最后懂得了拒绝！

在这之后，孩子会进入一个"潜伏期"，众所周知，这个时期的孩子较为平静，这是一种"休养生息"，在这个时期他不断地汲取知识，与他人的关系简单、安定。并不是所有人都同意这个观点，因为孩子的学习能力与心理素质都是在这个时期形成的，对于很多孩子来说，这段时光过得并不平静。

最后，到了令人生畏的青春期。 个人和集体对这一时期都印象深刻，因为对于处于青春期的孩子和他的父母来说，这一时期充满了危险。

人们会对这一危机感到恐惧，而恐惧影响了我们的判断力，会让人变得束手无策，只知道坚持固有的观点，变得思维僵化、目光短浅、视野狭窄、创造力降低和行为受限。

"**危机**"这个词本身就包含了辩证的双重含义：这个时期既蕴藏着"**危险**"，同时也蕴藏着"**机会**"。

危机

这个阶段当然是**危险**的，稍有差池，孩子就很可能会迷失。

这个阶段当然也蕴藏着**机会**，处于青春期的孩子正处于变化之中，因此他改进与发展的空间是无限的。

如果你的孩子正步入青春期，那么你就要做好准备了。这与在高山上和平原上着装不同是一个道理，**陪伴青少年与儿童，方法当然不同**，同时青少年自身也应掌握方法，使**自己能在人生道路上顺利前行**——特别是当这条路变得更加陡峭、更加曲折、更加难行的时候。

掌握方法需要汲取知识，要懂得如何去理解事物。在理解之前，一切都是混沌的。这似乎是很浅显的道理，但是学校没有教我们该如何处理人际关系与情感心理，我们没有经验，只能在路途上摸索、试验，在错误中成长。

保持亲密的关系 83

我们越是懂得阅读，知道与其他父母交流分享，在夫妻之间取长补短，我们就越能进行自我调整，来适应我们的孩子。

孩子在青春期要经历脱胎换骨的变化，其中有些变化是表面的、可见的，但是另外一些变化则是内在的、不可见的，后者更难被我们发觉。

如果孩子遭受打击，感到迷惑、内心混乱，这肯定会对家长产生影响，使家长也产生同样的感受。若是父母不关注自身，不关注由亲子关系引发的自身变化，就可能会忽略教育孩子过程中的关键性问题。

此外，家长还要注意**表面现象所具有的欺骗性**。它们也许掩盖了事实，如果家长不能甄别，就可能会误入歧途。我们可以看看下面几个例子。

▲ 如果青少年表现得很傲慢，实际上可能是因为他还没有找到自己的位置，对自己评价不高，然而表面上他却显得高傲，与他人说话的时候咄咄逼人，让人觉得他不需要任何人。

▲ 如果青少年表现得对考试成绩不屑一顾，实际上他可能和其他学生一样，想要做一个"好学生"，但是他还不得其法，因此装作对成绩不在乎的样子。

▲ 如果青少年在家里表现得沉默寡言，从来不参与家庭生活或待在自己的房间里不出去，实际上他也许希望能与人有更多的交流，但是他还没有足够的经验，不知道如何与家人交流，才能达到理想的效果，获得幸福感。

▲ 如果青少年表现得不喜欢学习，并不一定是因为他懒惰，或是对任何事情都不感兴趣，实际上他可能是在逃避。面对会让他产生消极的情绪和想法（比如"我做不到""这件事不可能""我没有足够的时间""结果肯定会不尽如人意"）的事，他觉得最简单的办法就是拖延着不去做，天长日久，这种情况可能会变得更加严重！

在下面的篇幅中，我们试图在以下几个方面，分析复杂的亲子关系。

▲ 探讨父母难做的原因，他们对青春期持有的固有想法和观点，以及矛盾的态度。

▲ 研究青春期孩子的生理特点。

▲ 思考父母扮演的角色，他们该如何竭尽所能，让孩子的青春期过得更加丰富多彩，让亲子关系变得更加亲密。

父母难做的原因

在某些问题上持有的偏见、想法和模棱两可的态度，会让家长做出一些蠢事。

对青春期固有的想法和观点

下面我们列举了几种会破坏亲子关系的错误观点。

→ **青春期是一大难关**

家长有时会毫无作为，只是束手等待孩子的青春期阶段自然过去。我们对这个阶段似乎只能被动承受，认识不到这个阶段对孩子未来成长的关键性。由于父母对青春期缺乏认识，因此觉得青少年可以独自成长，这样的想法导致父母与孩子之间缺乏互动与交流，而这样的做法从短期、中期、长期来看，都会对孩子产生不利的影响。

→ **青春期的推动力是激素**

激素的分泌会导致青少年出现生理上的变化，但这并不是青春期孩子产生剧烈变化的唯一原因。如果对此没有正确的认识，父母就会错误地认为，只要等待青少年的激素水平恢复正常就可以了，自己无须做出其他努力去陪伴孩子的成长。然而青春期的孩子还有另外一个值得父母关注的重要改变——大脑的改变，笔者会在下文中与大家探讨这一问题。

→ 青春期是孩子从对父母的完全依赖过渡到自我完全独立的关键阶段

这个想法会让父母与孩子产生焦虑，因为它过于激进。如果父母坚持这种观点，就看不到孩子独立过程的延续性。事实上，孩子要先学会自主（然后才能学会独立），而自主的过程是循序渐进的、漫长的。孩子在离开父母独立生活很久之后，才能获得真正的独立。

→ 青春期孩子周日早晨睡懒觉时，别想叫醒他

有的父母还有其他的想法，比如"反正他在家里从来不干活，根本不用指望他了""整个家里，他就对自己的房间感兴趣，从来见不到他的影子""他就是个懒虫，就这样了，永远也不会变了！"，凡此种种。

青春期孩子的表现会让家长产生很多类似的想法，但是这些想法夹杂着主观色彩，父母却不愿意试着换一种态度，这样就阻碍了青春期孩子能力的发展，使他无法获得一些十分重要的能力，比如主动参与的能力、上进的能力、关心他人的能力、沟通的能力、控制情绪的能力、做出正确决策的能力、尊重自己与他人的能力、审时度势的能力……

家长的态度与矛盾

家长们将青春期看成是一场危机，这是因为处于这一阶段的孩子会做出冒险的行为，作为家长，我们可能会为了避免冲突、避免孩子遭受挫折，而为他扫除成长道路上的一切障碍，或者限制他、禁止他去触碰障碍，从而达到保护他的目的。

- **家长有时过于严厉（表现出专制），有时又过于温和（表现出溺爱）。** 只有做到宽严相济才能建立起亲密的亲子关系。我们不应在"宽"与"严"之间二选一，而是要做到二者兼顾。在实际情况中，家长的做法恰恰经常是非此即彼，无法找到二者之间的平衡。

- **青少年是一个矛盾体，他既成熟又幼稚，这让父母很难应对。** 父母会看到一些表面的、外在的、可以立刻捕捉到的信号：青少年的身体越来越接近成年人，有时还会表现出自信的姿态，他可以进行抽象的思考，进行推理，可以与父母和其他成年人进行辩论，等等。如果不加留心，很容易就把青少年当作成年人去看待（他在某种程度上也确实表现出了成年人的样子），而当他表现出退步、犹疑、情绪波动、脆弱——也就是小孩子那一面的时候（他还不能做到真正的自我调节），父母就难以接受了。更差的情况是父母直截了当地指出他的不足之处，苛责他，要求他达到他还力不能及的高度。

- **很多家长不了解神经科学的最新发现，神经科学会告诉我们青少年的大脑是如何发育的。** 神经元网络、多巴胺的传导、大脑的可塑性与重组……我们可以通过很多手段（视频、图片文件、科普书籍）来了解这些内容，借此了解到身体机能与行为方式之间的联系，这些新知识会为我们的教育方法提供新思路。

- **青少年的改变会勾起父母痛苦的联想，让父母产生一些负面情绪，对此我们并非总能有清楚的认识。**
    - ▲ **感到恼怒**：因为父母在孩子身上发现了自己的影子，而这并非都是愉快的回忆。
    - ▲ **感到被抛弃了**：当父母看到孩子毫无缘由地远离家庭，将精力都投入同龄人的圈子中时，会感觉自己被孩子抛弃了。
    - ▲ **触景生情**：父母会想起自己的青少年时代，对于自己为人家长的角色感到有一点（甚至是非常）不知所措。
    - ▲ **产生挫败感**：孩子看不到我们的努力以及为他做出的牺牲，不知道感恩。
    - ▲ **产生焦虑**：焦虑会让父母对孩子的未来感到悲观，进而在脑海中想象他未来生活不顺的场景，而这样的想象会增强焦虑感，使自己陷入恶性循环。

父母对孩子的要求自相矛盾

父母会无意中让孩子陷入巨大的困境。

如果我们对孩子说,"你可以去探索世界,但是要待在我的视线范围内",我们就成了布鲁诺·汉贝克所说的"直升机父母"。在"解密父母"的章节中,我们会讨论父母发出的这种矛盾指令:他们让孩子足不出户,待在电子屏幕前探索世界,然后又对此感到遗憾!

如果我们对孩子说,"工作很艰辛,你在生活中要努力,天下没有免费的午餐",而在实际行动中,又舍不得孩子去努力(除了学习),不忍心让他面对会引发负面情绪的事情(比如葬礼、失去、挫折),就会限制孩子对成年人世界的认识,他会觉得自己既不了解这个世界,也没有能力应对它。

孩子还没有(或还没有足够的)能力,他还需要家庭的保护,才能最终化茧成蝶,飞向外部的世界。一些孩子在翅膀还没有长成的时候,过早、过快地飞出了保护茧;而另一些孩子则是一直待在茧中,在青春期过去很久之后,还难以飞出去。

孩子可能需要十五年上学的时间（不包括高等教育），才能获得基本的科学知识，但是我们经常忽略了一点：生活技能（包括社交能力、调节情绪的能力）也是在成长的各个阶段，通过不断学习才能获得的，它们同样需要训练和时间。我们以下面几个孩子为例。

- ▲ 一个十四岁的少年已经可以独自乘飞机旅行了，因为他在与父母共同旅行的时候已经有了经验，但在收拾行李的时候，他仍然需要父母的帮助，才能保证不遗漏所需的物品。
- ▲ 一个十六岁的少年已经可以参照菜谱，做出一道相对复杂的菜肴了，但他仍然需要父母的帮助，才能将所需要的食材都买全，才能在做好菜之后将厨房恢复原样。
- ▲ 一个十七岁的少年已经有了自己对世界的认识，但是当他与他人讨论的时候，他仍然很容易被情绪左右，并可能因此陷入交流的困境——他无法清楚地表达自己的观点，也无法倾听他人的观点。

青春期的孩子要面临的压力

在孩子渐渐走向成年的过程中，他会经历青春期的变化，这会给他带来三重压力。

- ▲ **自我认同与接受生理变化**的压力。在面对巨大的改变时，他想展示出镇定，掩饰内心的慌乱。
- ▲ **以最快的速度构建自我身份与个性（想要成为某种类型的人）**的压力。在这个阶段，他的内心世界正处于构建的过程中。
- ▲ **寻找归属感（想要属于一个或几个团体）**的压力。他想从属的团体内部规则变化很快，他需要不断适应（要受人欢迎，要合群，要有幽默感，要做领导者，要结交朋友，要既有个性又能融入集体等）。

处于青春期的孩子要面临这些不同的压力，而他的脑力还不足以应对它们，正因如此，青春期才变得复杂且充满危机。

因此，孩子在青春期面临的最关键的问题就是**尽可能做好整合**。

"整合"指的是：

▲ 大脑内部，尤其是前额叶皮质与其他部分之间的整合。

▲ 大脑与身体其他部分之间的整合。

▲ 自身与他人之间的关系（社会关系），以及与自身相关的要素（周围环境、从事的活动）之间的整合。

然而，青少年对生活的态度、他所生活的环境、他从事的活动、和他交往的人等因素，都会对他大脑的整合方式产生影响。他的人生（相对于自身、相对于他人、相对于世界）会随着上述因素的变化而变化。而我们要做的就是让这个整合过程对青少年产生有益的影响！

这里我们引用丹尼尔·西格尔的力作《青春期大脑风暴》中的内容节选，来了解青春期孩子大脑的改变。

青春期是孩子从童年向成年过渡的特殊阶段，在这一阶段大脑会同时发生两个重要的变化：

▲ 突触修剪——神经元与突触连接数量的自然减少。在青春期，突触修剪数量达到峰值。我们的经历决定了哪些神经回路会被剪掉。

▲ 髓磷脂的生成。髓磷脂是神经元外侧的脂质，它像鞘一样包裹着某些神经纤维，特别是那些位于大脑前半部分的。髓磷脂可以协助神经纤维传导神经冲动，从而加快信息的传递。

这两个根本的变化——突触修剪、髓磷脂的生成——使处于青春期阶段的孩子可以对大脑进行最优化的整合。整合的意思是指联结大脑不同的区域，增强大脑的协调性。青少年借助直觉，可以进行有益的思考。精确的、有效的联结使他不仅可以关注到细节，还可以利用直觉，从宏观的角度去观察事物，从而判断出积极的价值，并做出决定。

突触修剪与髓磷脂的生成使大脑各个区域更加协调，这就是我们经常说到的大脑重塑。大脑前额叶皮质的重塑可以让青少年认识自我，以概念化的、抽象的方式思考生活。青少年开始思考自己的个性问题，创造性地探索生活、友谊、学习等概念的深层含义。如果青少年不进行反思或者不与亲近的人交流，那么他对于自我和他人的意识就得不到广度上的发展。

此处探讨的内容涉及了青少年成长最重要的原动力：青少年是一个完整的个体，这个完整个体中的每一个部分都会对他产生影响。父母越谨慎，就越能为他提供机会，让他拥有更加丰富的体验，他就能更好地在情绪、生理、社会、人文等方面进行整合，从而更容易找到与自我、他人和世界和谐一致的人生道路。

此外，青春期的决定性作用还表现在：在这个阶段他会明白自己才是生活的主人。他的批判精神会得到进一步发展，他还会对自己的行为与后果之间的因果关系有更清醒的认识。

如果青少年能够得到陪伴与指导，他就可以回顾、审视自己所做的决定、采取的行动所产生的效果，从而慢慢做出调整，让一切更好地运作，相信自己可以做出改变。

要想保持亲密的关系，父母该扮演的角色

本章笔者对父母与青春期孩子的关系中值得探讨的一些方面，提供了参考方案、想法与建议。

将负罪感、恐惧与焦虑转化成积极的责任

- **负罪感**不仅没有任何益处，而且会产生负面作用。

如果你的脑海中充斥着"我不应该要求他……""我为他做得不够""我对他的陪伴不够，没能教会他……""一定是因为我们做过的一些事情，他才……"这样的想法，说明你已经陷入了负罪感之中，如果对此没有清醒的意识，这种感觉就必然会变得越来越强烈。

亲近的人说的安慰话会降低你的负罪感，让你能够换一个视角去看待面对的情况。以此为依托是摆脱负罪感的第一步，也是必要的一步，但是还不够。

要想有效地摆脱觉得自己做得不够多、不够好的负罪感，**一定要将目光转向现实，发现自己能够改进的地方**，接受已经发生的事情，而

不是总抓着不足之处不放。这样才能在"困难的海洋"中，重新见到"希望的陆地"*。

这么做的要领就是双脚踩在坚实的、现实的土地上，让这片土地越来越广阔，而不是任凭它被"问题的海洋""不足的海水"所吞没。无论家长与孩子之前的关系如何，无论在什么时候，都可以采取这个办法，改变永远都不迟！

这里的关键在于**一定要换一个角度去看问题，换一种方式思考和行动**。

- **恐惧**会使人僵化，丧失（对自己、孩子和未来的）信心，不知所措。但是恐惧与负罪感不同，它在刚开始的时候会有益处，因为它可以使人对潜在的危险保持警醒。

我们无法摆脱恐惧，但是可以在感受到恐惧时接纳它。既然无法摆脱它，那就不如承认它的存在，与它共处。我们越是能够接纳恐惧，就越能明白它产生的意义，让它发挥出积极的作用。

其实有些让你产生恐惧的危险并非真实存在，而是出于想象，因此我们需要分析具体情况。但是每件令你担忧的事情都是值得思索的，只有这样才能做到面面俱到，使问题得以解决。直面恐惧、承认恐惧、挑战恐惧的过程十分艰难，但是唯有这样才能获得进步。

---

* 见《正面管教：图解版　0～12岁孩子常见的35种情绪失控解决办法》第165页。

当孩子在面对新事物、新挑战，想待在舒适区，或者逃避、不想面对恐惧的时候，只有做到上面这一点（刚开始的时候可以借助医生的指导和帮助），我们才有资格向他提供建议。

- 除了恐惧，父母要面对和调整的情绪还有焦虑。日常生活中的很多事都会让人产生焦虑，这些事情集中在一起会影响人们对待生活的态度，有时我们对此毫无察觉。本书将通过多个具体的实例对此进行说明。

当人身处焦虑之中时，身心都会产生莫名的不舒适感，会想各种办法让自己平静下来。

为了摆脱焦虑，一方面，你会想很多办法来控制自己的生活，但同时你自然而然地也想控制配偶与孩子的生活。

你想知道孩子在哪里，想让他立刻回复你，想详细了解他要做什么，想为对方做出决定（而不是和他商量），为他安排一切，不给他自己学习的机会……

由此可见，焦虑会对亲子关系产生影响。

家长在面对负罪感、恐惧与焦虑时应承担起责任。家长在释放情绪、自我调节方面做得越好，就越能改善与家庭成员的关系——尤其是与处于青春期的孩子的关系。

勇于接受自己的不完美

具备勇气与谦逊的人才能够承认：作为人，就必然会不完美、会犯错、有局限。能做到这一点也需要时间的历练。

其实，在人生的第一个阶段，我们一直在**努力满足父母、朋友、老师和自己身处的价值体系的期待**。

我们全神贯注，积极努力，从中获得对自我的认同感。

即使在前进的道路上由于懊恼或愤怒而感到气馁，由于不能达到自己预期的高度而泄气，我们还会继续坚持下去，克服困难，在错误与局限中吸取经验教训，取得进步。

孩子渐渐长大成人，他也正在经历人生的第一阶段。越聪明、敏感的孩子，就越容易给自己施加压力，因为他有很高的理想，而他对情绪的控制能力还不足以匹配他的志向，这就会导致他产生严重的挫败感，变得脾气不好、气馁。

这时，**家长就会成为孩子情绪发泄的首要对象。**由于他渐渐长大了，比孩提时代更懂得抓住父母的敏感点，父母会更明显地感受到自己的不完美之处。

孩子会指出我们的不足和矛盾之处。即使孩子已经情绪失控，他也总能成为有理的一方。父母会丧失信心（由前额叶皮质控制），不想也不能再面对现实。

勇敢地承认自己的不完美，需要做到以下几点。

▲ **拥有勇气**。家长可以从他人（朋友、家人、其他家长、同事、医生……）那里汲取勇气，也可以从自身获取勇气。如果能赋予周围的人勇气，就可以感受到帮助他人的乐趣，这自然会激发自己内心的善意。

▲ **多做深呼吸**。从纯粹的生理学角度看，呼吸维持着人的生命。除了这一基本的自然生命功能之外，我们还应给予呼吸更多的关注和时间，它可以让人细腻地感受身体发出的信号，可以表现出身体内在的状态，从而让人更好地保养身体。同时呼吸也可以让我们与亲近的人（尤其是我们的孩子）保持理想的距离，并且正确看待所面临的情况、挑战、问题和冲突。呼吸可以让人重获生命力，促使人行动起来，找到自信，从而勇于面对，敢于失败，简而言之，就是勇敢地接受自己的不完美！

▲ **沉思、正念冥想、学会感恩**。每次停下脚步，都是给自己时间去感受生命，想一想美妙的事情，调整自己，善待自己，为接受自己的不完美做好准备。

▲ **简·尼尔森的3R方法**——每次父母与孩子产生矛盾的时候都可以应用这一方法。

　　1. **承认（Recognize）**——我犯了一个错误，我原本可以换种方式行动或应对，我无法为自己感到骄傲，如果一切可以重来，我一定不会这么做。

2. 和好（Reconcile）——为因自己态度不好给对方带来的伤害而道歉。

3. 解决（Resolve）——解决问题或寻找解决问题的办法，让同类问题不再重复发生，父母与孩子一起以双方的行事逻辑为出发点，找到今后的相处模式。

按照上述的方法做，可以改善日常生活中的亲子关系。另外，这种方法还提供了一种模式，它不仅可以让我们纠正以前的错误，还可以让我们从经验（无论多么令人不快的经验）中学习，这样在面对新的困难时，亲子关系会更加牢固。

增强联系

要想让电流在两个电器中流过，就要将电器连接起来。人类要想彼此交流，也同样需要联系。

→ 给孩子感受的权利

"正面管教"理论强调我们应赋予他人感受的权利，也就是说，不应因孩子产生负面情绪而责备他，但是他的情绪却不能成为他做出不合理行为的理由。这里的关键在于，**不要混淆情绪与因情绪而做出的行为**。前者是正常的反应，不应指摘；而后者则是努力的对象。

换言之，**我们可以告诉孩子他有愤怒的权利，但是他无权将怒气发泄在我们身上。**应该告诉孩子要将感受与行为区分开来，这二者是完全不同的。父母可以在某些方面对孩子无条件奉献，但是却不能纵容他挑战我们的基本价值观，比如互相尊重。

接下来需要做的就是帮助孩子找到疏解并释放情绪的办法，使他的行为不至于造成严重的后果。这虽然要花一点时间，却值得尝试。孩子学会了自我调节，他在以后的生活中与他人进行交往时会受益匪浅。

→ 要与孩子交流，不要对他发号施令

在与青少年相处时，尤其是在家长时间有限的情况下（或者是孩子不给家长接近他的机会时，比如他将自己关在房间里），家长就容易直奔主题，只说要点，在见到孩子的时候，只想着要告诉他这一天该做什么。这样做的结果就是，大多数情况下，孩子根本不听。情况更糟糕的话，还会引起他的愤怒和暴力，招致他的消极抵抗，甚至是正面对抗。

如果家长能够找个时间，没有目的，不经规划，只是单纯地陪一陪孩子，就可以增加与他深入交流的机会。如果能够做到与孩子的深层次交流，他就更容易听进去我们的意见、建议，甚至是命令。

最简单的活动就是和他一起坐在屏幕前。如果家长可以花时间关注孩子感兴趣的东西，就可以增加了解他的机会，知道他为什么会做出这样或那样的选择，从而提出更适合他的建议。如果时机允许，甚至可以对他观看的内容提出批评或警告。

→ 愿意做孩子的出气筒（同时要设定底线）

因为父母是孩子最亲近的人，是无条件爱他的人，是他不必担心会失去的人，所以他可能会将他的各种负面情绪（抱怨、挫败感、气馁等）发泄在父母身上。

父母可以让孩子对自己发泄情绪，但同时也要做好自我保护。这当然是为了自己，同时也是为了孩子，父母表现出的自尊与坚定会帮助孩子构建自我。孩子一方面需要发泄情绪，另一方面也需要父母的坚定才能稳定情绪、找到自我。

将家庭变成孩子的避风港

家庭应该是一个让孩子感到安全的地方,是他的避风港。他在遭受痛苦的时候可以在家庭中获得力量,重拾创造力和生命力;脆弱的时候可以在家庭中重建自信心与自尊心。这可不是一件容易的事情!如果家庭中充满了对峙与冲突,家人之间缺少交流与调整,那就难上加难了。

就像上文中提到过的那样,**要想让家庭成为孩子的避风港,就要构建和谐、宽容的家庭氛围,让每个家庭成员都能够找到自己的位置,** 能够在家庭中做自己,既可以展现力量,也可以显露脆弱。

除了和谐、宽容的家庭氛围,**一个家庭体系还需要稳定、严格、持久、有预见性,唯有这样孩子才能以家庭为依托,勇敢地生活。** 这就像划桨人要想将小船划出河岸,就必须以河岸为依托一样:如果河岸土质过软,船桨就会陷入泥沙之中,划桨人无法借力,船就无法离岸;如果河岸足够坚固,划桨人可以借力,就能够将船划向远方。

伊莎贝尔·菲利奥扎特在她关于青少年的著作《我们无法再互相理解》(*On ne se comprend plus*)中,将家庭比作了航空母舰,青少年则像是飞机,可以在航空母舰上面获得能量和补给,然后再次"起飞"。

简而言之,家庭就是一个避风港,是一个保护球,孩子在家庭中可以自在地做自己(和善的一面),同时家庭还是一个有组织的、给人安全感的地方(坚定的一面),在青春期这个阶段(甚至度过青春期后),孩子可以在家庭中构建自己的身份。

保持长期的亲密关系

宽严相济（既和善又坚定）是家长最应采取的教育方法。一味纵容（只注重"宽"）或过于专制（只注重"严"），这两种态度在初期容易保持，也有一定的效果。但是从长远来看，只有将这二者结合在一起才能保证最好的家庭气氛，使每个家庭成员都有更好的未来。

要做到这一点需要在日常生活中保持警醒，做出努力和调整，得到的回报将是巨大的。这一方法的关键在于寻找解决办法，这样才能从经验中吸取教训，将遇到的困难与挑战转变成改善关系的契机。

开始的时候，需要做出努力的一方主要是父母，渐渐地孩子会受到影响，当家庭的每个成员都有了方法和能力后，他们都会对家庭这个体系负责。

简·尼尔森曾说过："父母最大的成功就是教会孩子对自己负责。"她建议父母"相信自己的孩子，让孩子自己去体验，获得所需的能力，学会以独立的方式生存"。

诚然，家长协调"管控"与"放手"二者之间关系的能力，决定了我们与孩子之间的关系。

那么就相信自己，相信孩子吧！以现实的亲子关系为基础，不断去修复它，丰富它，我们可以不断地改善亲子关系，直到生命的尽头，要知道，这种关系甚至可以超越生命！

越接纳，越宽容
越和解，越融洽
越以身作则，越有说服力
亲子关系就越好！

解密父母

他们看不见我长大了

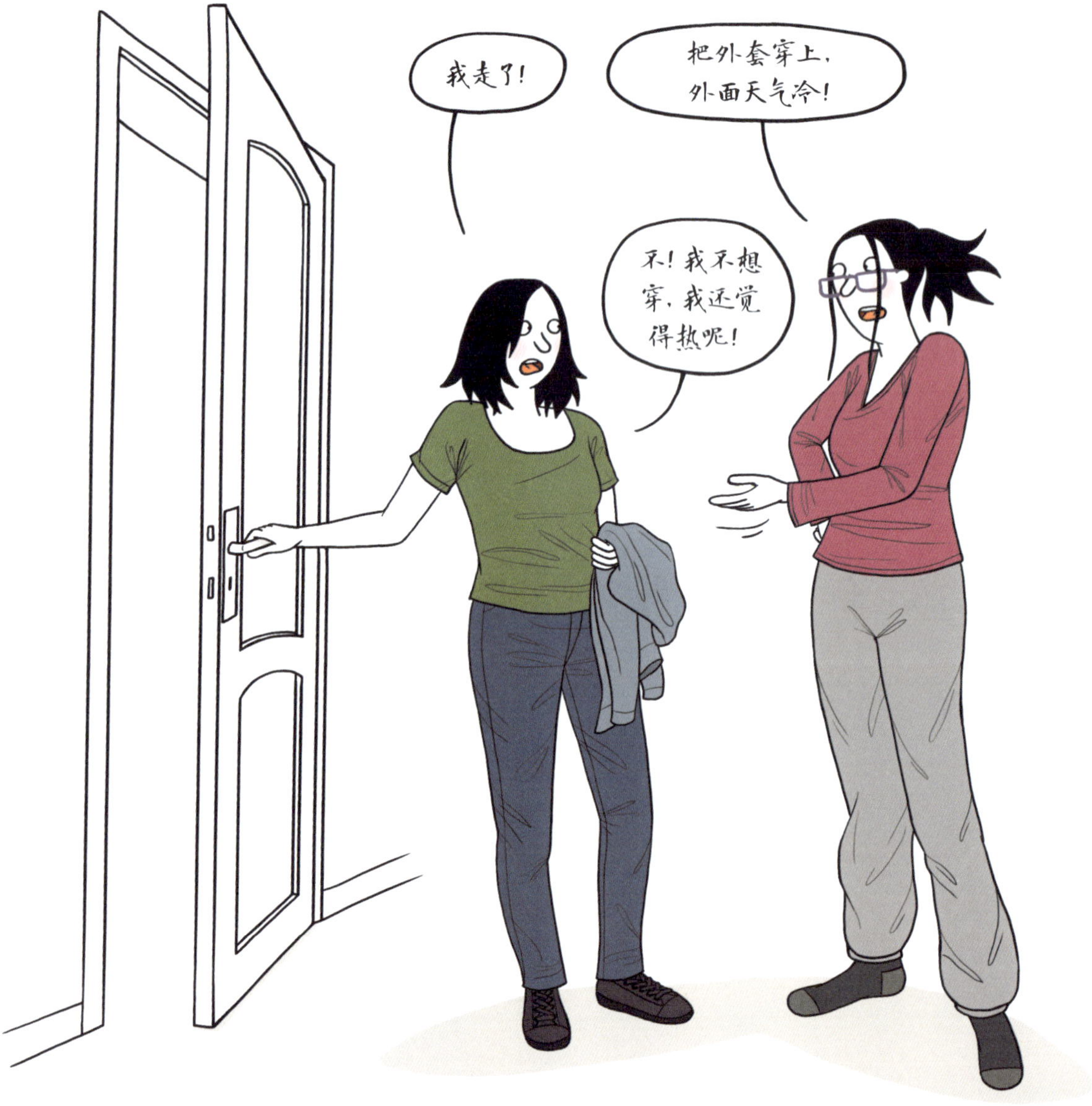
我走了！
把外套穿上，外面天气冷！
不！我不想穿，我还觉得热呢！

不错，你的父母已经习惯把你当作小孩子了！
虽然你已经渐渐长大了，但是他们还没有完全适应这个新变化。

你要是生病了，谁陪你去看医生，去买药，待在你床边照顾你？！
好了，够了，你说完了吧，那我可以走了吗？我要迟到了！
你别用这种语气对我说话！

当父母做出这样的举动时,你很难保持镇定。

好像他们比你更了解你自己似的……

为什么父母好像看不见你已经长大了呢?

> 他们能看到你在一些方面已经取得了进步,但是他们认识不到**你还没有成熟,做不到完全自主**。

> 他们看到你可以独自乘火车,但是不明白为什么还要他们为你订票。

> 他们看到你可以独自待在家中,但是看到家务没有做的时候,就会抱怨。

> 他们看到你会做饭了,但是不知道该为你准备必要的食材。

> 父母**难以适应**你的变化,还保持着以前的习惯和态度。

> 父母在**理论上**知道你已经长大了,但是在**情感上**,他们还无法真正接受。

父母确实需要去适应你的变化,但是从你的角度出发,你也可以做一些事情来帮助他们,这样可以更好地度过这个过渡阶段。

> 当父母做出上面的行为时,你可以**告诉**他们你的感受。

> 你像对待一个婴儿似的,强迫我穿衣服,我觉得受到了伤害,也很气恼。

> 用行动向父母**证明**,你比他们想象的更强大,但是也要告诉他们你仍然需要他们的帮助才能做到完全自主。

> 让父母**安心**。

> 我也不想生病,如果出门后感到冷,我自己就会立刻穿上外套。

> 我想让你教我……

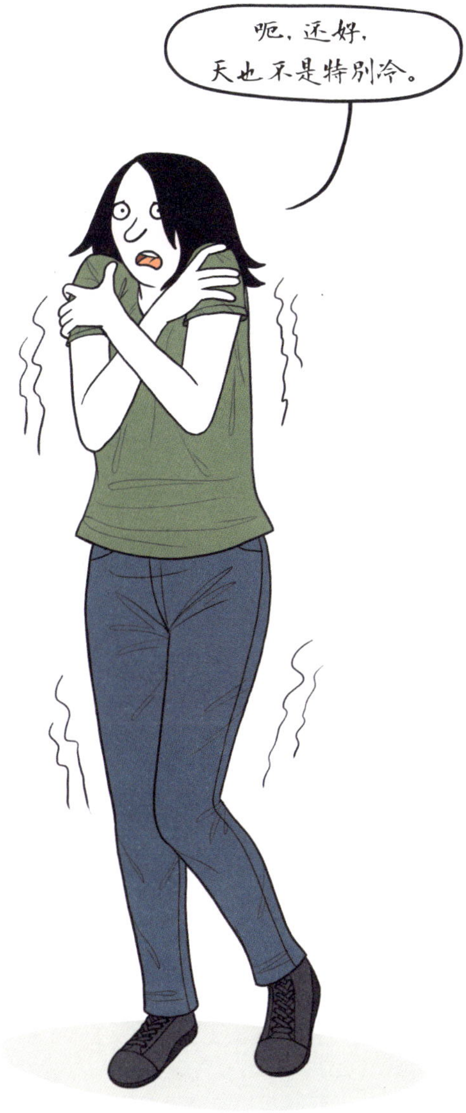
呃，还好，
天也不是特别冷。

他们仍然想带我一起出门

> 下周六，杜隆家邀请我们去吃饭。
>
> 噢，那我待在家里！
>
> 不行，你和我们一起去！
>
> 我会觉得无聊的。
>
> 你不是和他家的儿子玩得来嘛！
>
> 妈妈，那只是一个小孩子！
>
> 不好意思，不过你跟我们一起去肯定比自己在家里无所事事要好啊！

你正梦想着有独自待在家里的机会，可以安静地享受独立自主的感觉，而父母却还想带着你和他们一起出门，不管他们去的是什么地方，也不管他们计划做的事情是什么。

父母想带你和他们一起出去的**好理由**与**坏理由**。

父母已经**习惯了**你一直和他们在一起。他们还没有适应新的变化！

你独自出门吹风、调整状态、去做有趣的事情（看展览、电影、戏剧……），父母**不放心**。

父母想**和你待在一起**，从前他们没有时间，不能经常陪你，他们为此感到遗憾。

他们**担心**出门后，你在家无所事事，或者做不应该做的事情！

你该如何做？

偶尔和父母一起出去，这样他们才能偶尔同意你独自待在家里。

注意：如果你总是拒绝和他们一起出去，最后他们会感到厌倦，就不会再向你提议了，这样你可能会错过自己感兴趣的东西！

你可以为家里做些事，之后再把剩下的时间留给自己，比如像下面的示例这样做。
父母不在家的时间：2 小时
将洗碗机里的餐具拿出来：5 分钟
把洗衣机里的衣服晾好：10～15 分钟
这样留给自己的时间大概还有90%。

向父母证明，他们可以**放心地**把你独自留在家里。

你可以在某些方面表现出自己负责任的态度，比如在吃过饭之后想着收拾餐具。

给父母**时间**，让他们逐渐适应你的需求。

告诉父母你喜欢去的地方，以及你喜欢出去做的事情，你们或许可以一起做这些事情，这样他们也可以打破常规！

如果父母就是不想把你独自留在家里，试着先想想自己为什么要留在家里，将原因告诉他们，还可以告诉他们你打算在家做的事情。

> 我去杜隆家，没什么能做的事。

> 他们家的孩子还是个小不点儿，我和他玩不到一起，但是和你们成年人相比，我还是青少年，也没有共同的话题。

> 你们不在家的这段时间，我会做数学作业，你们回来的时候可以检查。

他们看不见我长大了 119

他们给我设定的规矩很可笑

聚会之后我可以睡在鲁娜家吗?

不行,你要回家睡觉。

这根本不讲道理嘛!

我就知道你会这么说!

你真没劲!

……

如果父母给你设定的规矩不适合你,要知道这些规矩的设定可能出于右面的原因。

有些是出于对你的关心，另一些则是出于他们自己的考虑。

规矩

- 对**你**的关心
  - 保持生活的平衡（保证足够的睡眠、看望亲人、学习……）
  - 为你降低风险（减少摄入酒精、骑摩托车、与不好的人交往……）
  - 不想让你一下子过于自由，想循序渐进地放松对你的管控
- **他们自己**的考虑
  - 需要舒适（限制一些行为、早睡……）
  - 需要内心的宁静（定规矩让自己不用担心）
  - 需要掌控（定规矩来确定自己的威信）

你该怎么做呢？

> 你可以与父母开诚布公地**谈一谈**，问问他们为什么给你设定这个恼人的规矩。

爸爸，你能告诉我你不想让我睡在朋友家里的真实原因是什么吗？

> 由你来发起这次对话，可以让父母明确自己的位置。

因为你睡在别人家，我就没法知道你几点睡觉，和谁在一起了。

我会因担心而无法入睡。

> 如果他们所做的决定有失公允，他们应该**能够改正**。

我怎么做你才能放心呢？

> 如果父母定的规矩不公正，你也可以**控制自己的情绪，不让自己产生挫败感**[*]。
>
> ① 承认自己很生气或很恼怒。
> ② 不要压抑自己的情绪。
> ③ 给自己点时间，让愤怒的情绪慢慢平息（释放情绪的时候最好不要当着父母的面）。

[*] 见第172页。

他们居高临下，对我说教

听着，小大人，我们得谈谈今天早晨的事。我对你的态度很失望。我都和你说了一百遍了，即使是你弟弟不尊重你，甚至是他跟你找碴儿，你也不能打他。你很清楚，暴力不是解决问题的办法，你比他更有力气……我们也不是第一次说这件事了。你得清楚，他有时候确实惹人生气，但是你比他大啊……

如果你……

- 更喜欢简短、明确的信息，不喜欢听长篇大论；
- 想和父母交流，也希望能被倾听，而不是听他们在那里自说自话；
- 想让父母告诉你可以做什么，而不是总告诉你不应该做什么；
- 希望父母鼓励你做得更好，而不是责备你做得还不够好……

这些想法都是正常的！

那么父母为什么会对你长篇大论地说教呢？

- 他们在重复自己年轻时，他们的父母对他们做的事情。
- 他们觉得自己在履行做父母的义务。
- 说教是很容易做的事。

那么如何帮助父母更好地与你进行交流呢？

下面这些建议是由一些青少年提出来的*，

你可以从这些建议中寻找灵感，摘录下适合自己的建议，

或者直接把它们原封不动地拿给父母看，作为你们交流的基础。

爸爸、妈妈，我有个东西要给你们看。

如何帮助父母与孩子进行交流？

1. 不要长篇大论。
2. 态度和善。
3. 不要贬低我。
4. 不要当我不存在，要倾听我的想法。
5. 不要反复说一样的话。
6. 如果我鼓起勇气告诉你们我做的错事，不要大发雷霆。
7. 不要打探我的隐私，不要话里有话地不断追问。
8. 不要隔着房间向我喊话，然后希望我飞奔过去。
9. 不要说一些让我有负罪感的话，比如"我不得不去做这事，因为你总不做"。
10. 不要承诺你们做不到的事情。
11. 不要拿我和我的兄弟姐妹或是朋友进行比较。
12. 不要跟我的朋友或你们的朋友谈论我。

永远都要在互相尊重的基础上与父母进行交流。

父母和你一样，也会有疑虑，他们也会从错误和经验中吸取教训。

* 这些建议来自简·尼尔森的著作《十几岁孩子的正面管教》中关于青少年的内容。

他们看不见我长大了

他们还像小时候那样惩罚我

> 数学老师给你写的评语怎么这么差，你怎么什么都不告诉我……你打算瞒我多久？！

> 我……

> 你一周不许用手机，这样你就知道好好听课了！

> 这不是我的错，我什么都没做！

> 当然不是你的错了，你从来都没错！

> 是老师……

> 你再狡辩，就两周别用手机！

当你没有犯错的时候，让你接受惩罚，你自然会心有不甘，这会让你产生四种反应：你会反感，会反抗，可能会退步，甚至做出报复的行为……

惩罚你的原因

- 你违反了规定（撒谎、偷东西……）。
- 你过于频繁地使用手机、电脑、电子游戏机……
- 你做出了恼人的行为（不好好回答、不好好说话……）。
- 你做了一件蠢事。

如果父母惩罚你，是因为你让**他们感到**愤怒、失望、气恼、羞耻、震惊、愤慨、气馁……

惩罚是他们对你行为的回应。

他们下意识的意图是

如果父母没有觉得你在针对他们	如果父母觉得你在针对他们
那么他们希望你能明白自己做得不对，希望惩罚能给你一个教训，下次做事时会有所改变或者不再这样做。	那么他们想让你为自己的行为付出代价，希望你能明白自己错了，在接受惩罚的同时能够进步。
他们的意图是好的，但是……	他们的意图不好，而且……

他们可以换一种方式，特别是应该采取能够对你有帮助的方式……

让你更清楚自己的行为会产生的后果

如果你不经父母允许，就使用了他们的银行卡去玩网游，那么你就要从零用钱中扣除这笔费用，把钱分期还给父母。

负责任

如果你把时间用在了电子设备上，而不是学习，那么在你能够合理安排学习时间之前，你就不能碰电子设备。

从错误中吸取教训

进步

如果做出了不良行为，你就要道歉，并且试着弄明白导致你这样做的原因，这样才不会重蹈覆辙。

> 我的数学老师给我的评语不好，我确实没有好好听课，但是我真的能明显感觉到他讨厌我，我没办法好好上他的课。

> 我们找他谈一谈，你觉得可以吗？

他们看不见我长大了

他们总想让我早点睡觉

> 去睡觉!
>
> 现在才九点!
>
> 去睡觉,明天还要上学呢!
>
> 但我不困啊!
>
> 那也得睡!

可能你的父母有些"老古董",但也有可能他们对睡眠方面的信息了解得比较多。

为什么要早点去睡觉呢?

因为睡眠时间与睡眠质量影响着我们的生活。

睡眠时间与质量产生的影响

睡眠不足

情绪问题
易怒、爱哭、缺乏耐心、不能宽容、无法集中精神。

学习问题
精力不集中、没有效率、容易分心、记忆力下降。

警惕性下降
事故风险增加。

体重增加
更爱吃零食等高热量的食品。

免疫力下降
更容易生病。

脸色差
出现黑眼圈，头发没有光泽，脸上起痘痘。

睡眠充足

存储与记忆
能记住白天学习的内容。

长高
良好的夜间休息有益于长个子。

改善大脑功能，增强体质
大脑和身体都可以得到真正的休息。

控制情绪
白天经历的一切都可以在睡眠期间得到休整。

现在你知道早睡觉的好处了。那么在你觉得头脑和身体都充满了能量的时候，如何**找到睡意**呢？

- 卧室内尽量不要放置手机等电子设备，它们会干扰睡眠，**延迟入睡时间**。

- 试一试**心率协调法**。
  用五分钟的时间深呼吸，每次持续五秒钟。

- 听**冥想曲、催眠曲及其他让人放松的音乐**。

- 试着做三分钟的**眼部瑜伽**，放松眼部肌肉。
  比如，按照倒8字的轨迹转动眼球，注意不要移动头部或身体。

- 预留一点在床上读书的时间。

- 躺在床上做健脑操
  双腿交叉，双脚的小脚趾靠拢，双手交叉，放在与心脏齐平的位置。吸气时用舌头抵住上颚，呼气时舌头放松。

我使用电子设备的时候，他们不信任我

> 我的天哪，你还在看漫画呢，你看的是什么破玩意啊！

> 你怎么知道不好呢，你就是在胡说！

父母批评你，你觉得他们不信任你。

其实，他们的表现是出于各种担忧。

你碰到跟踪癖、恋童癖

你与现实世界脱节

你对电子设备上瘾

你遇到网络骚扰

对你使用电子设备的担忧

你疏远他们

你不活动，导致肥胖

你不与人交往

你学习成绩下降

父母很容易在脑海里设想出很多场景，如果你想让他们放心，就应该让他们知道你正在用电子设备做什么！

向父母展示或证明

给他们展示你看的电视剧的片段、玩的游戏、使用的应用软件、浏览的网站等，这样父母就会对你做的事情有更清晰的概念。

你能够设置并遵守使用电子设备的时间。

这个其实还不错！

你可以在网络的不同世界中遨游，并避开风险。

你也可以做其他事情，比如和朋友出去玩，做运动……

如果出现问题，你会向他们求助。

审视自己的内心世界。

网络上是否有侵害你的内容（粗俗或暴力的电视剧、不健康的对话、黄色影片……）？

如果你觉得某些活动对你没有益处，问一问自己下面的问题。

如何取代这些活动？

要尽量善待自己，但是也要为自己设定底线！网上很多东西的设计目的就是为了让你上瘾，要想摆脱它们不是一件容易的事。

他们看不见我长大了 **129**

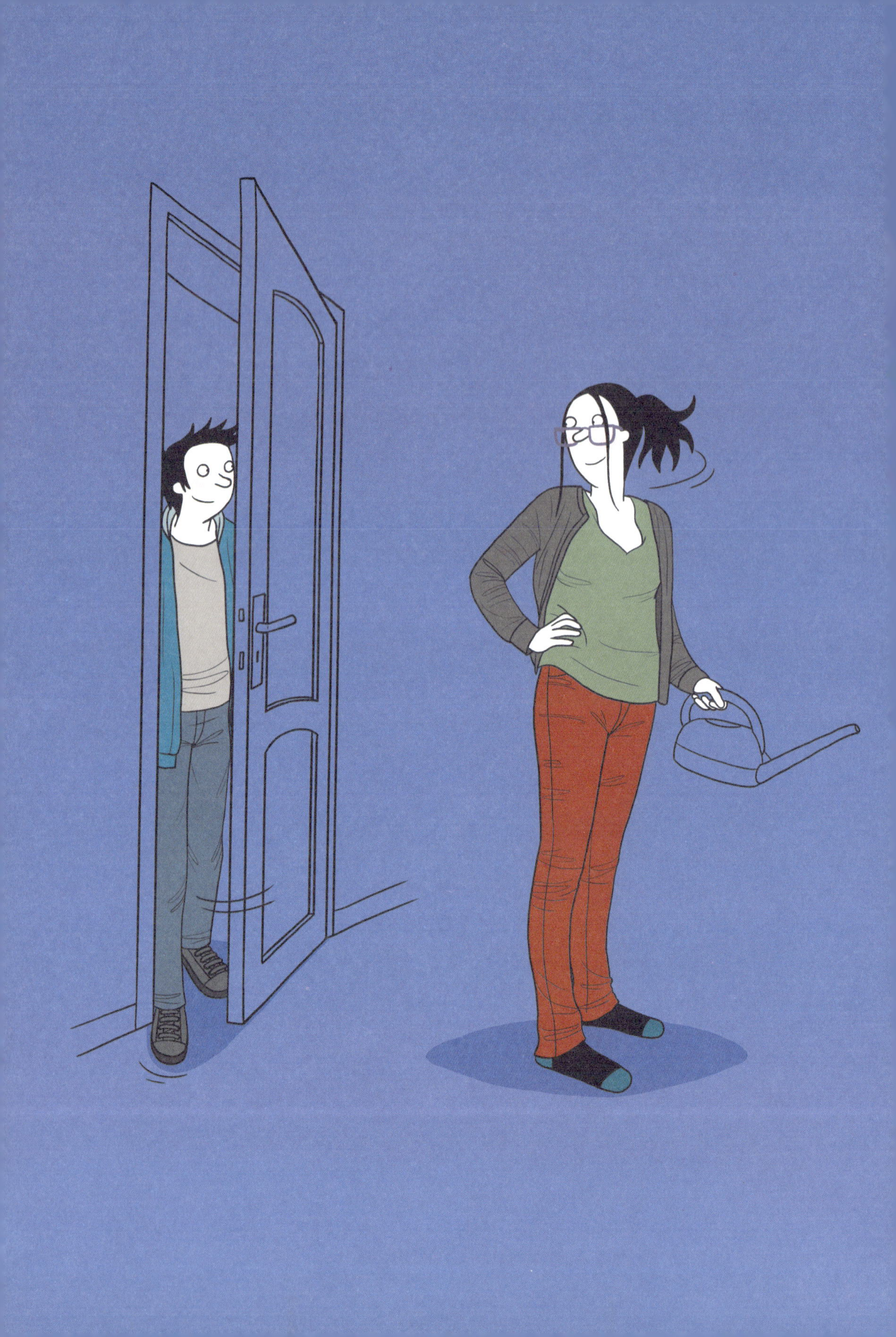

他们
总管着我

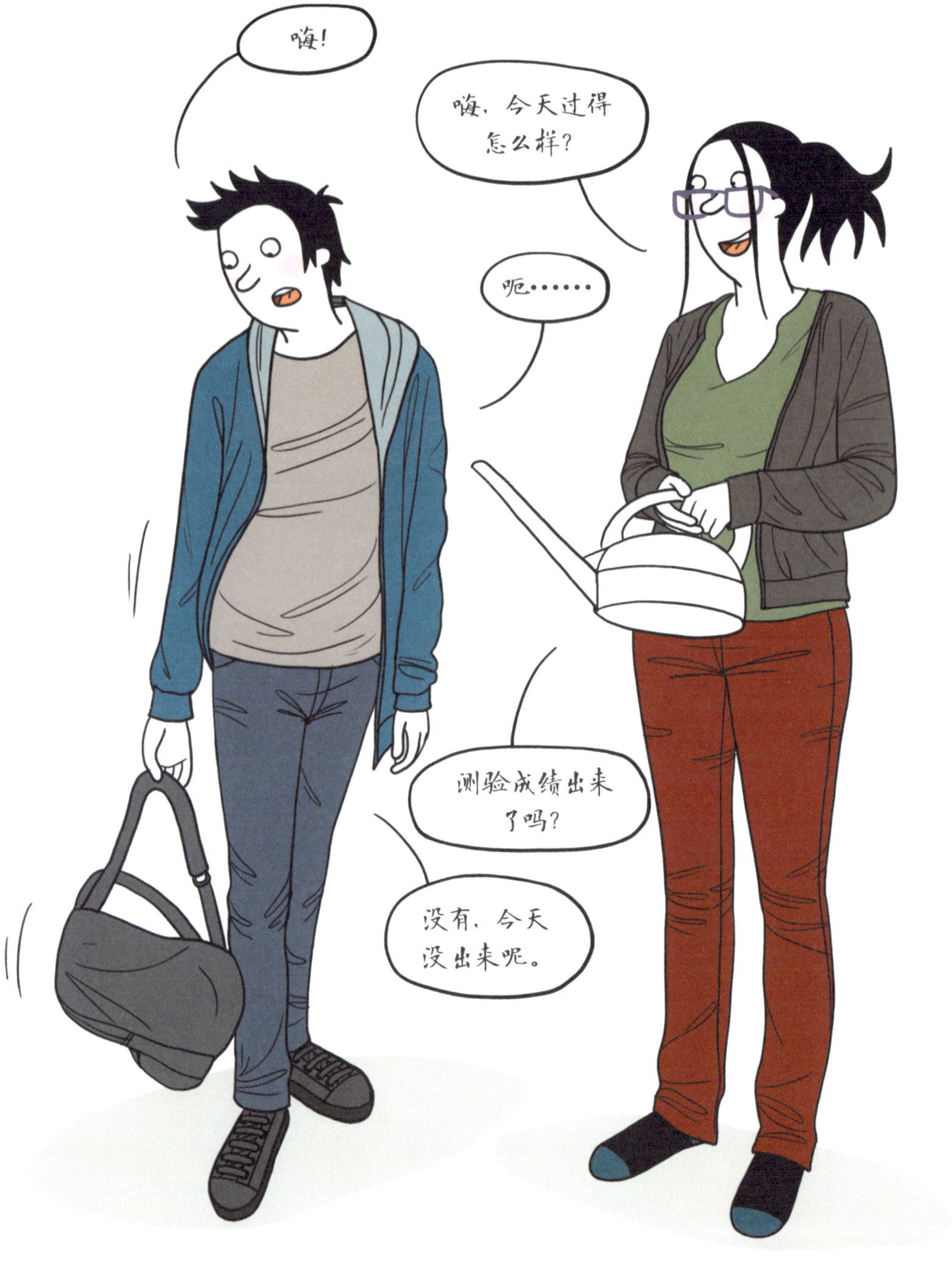
嗨！
嗨，今天过得怎么样？
呃……
测验成绩出来了吗？
没有，今天没出来呢。

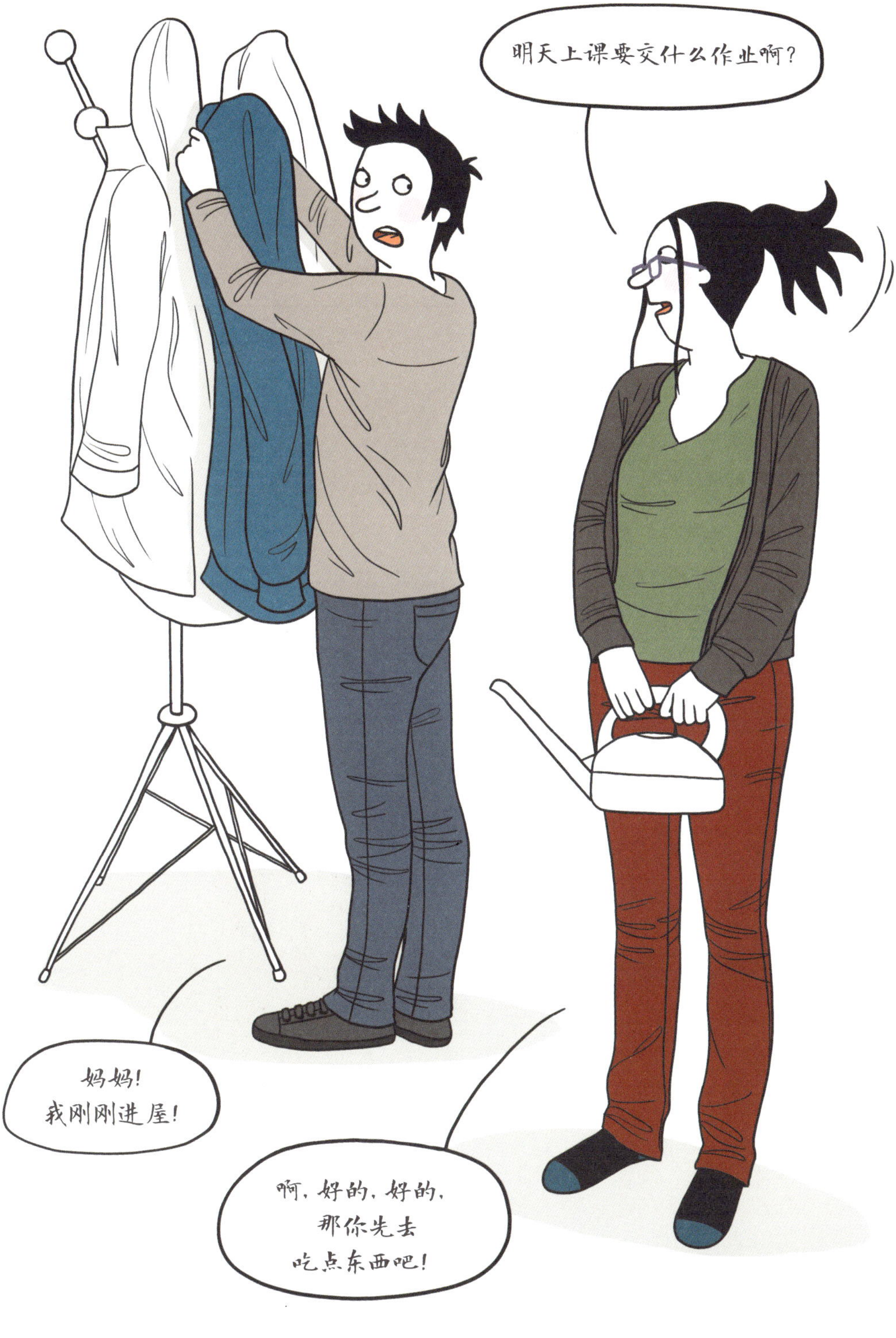
明天上课要交什么作业啊？
妈妈！
我刚刚进屋！
啊，好的，好的，
那你先去
吃点东西吧！

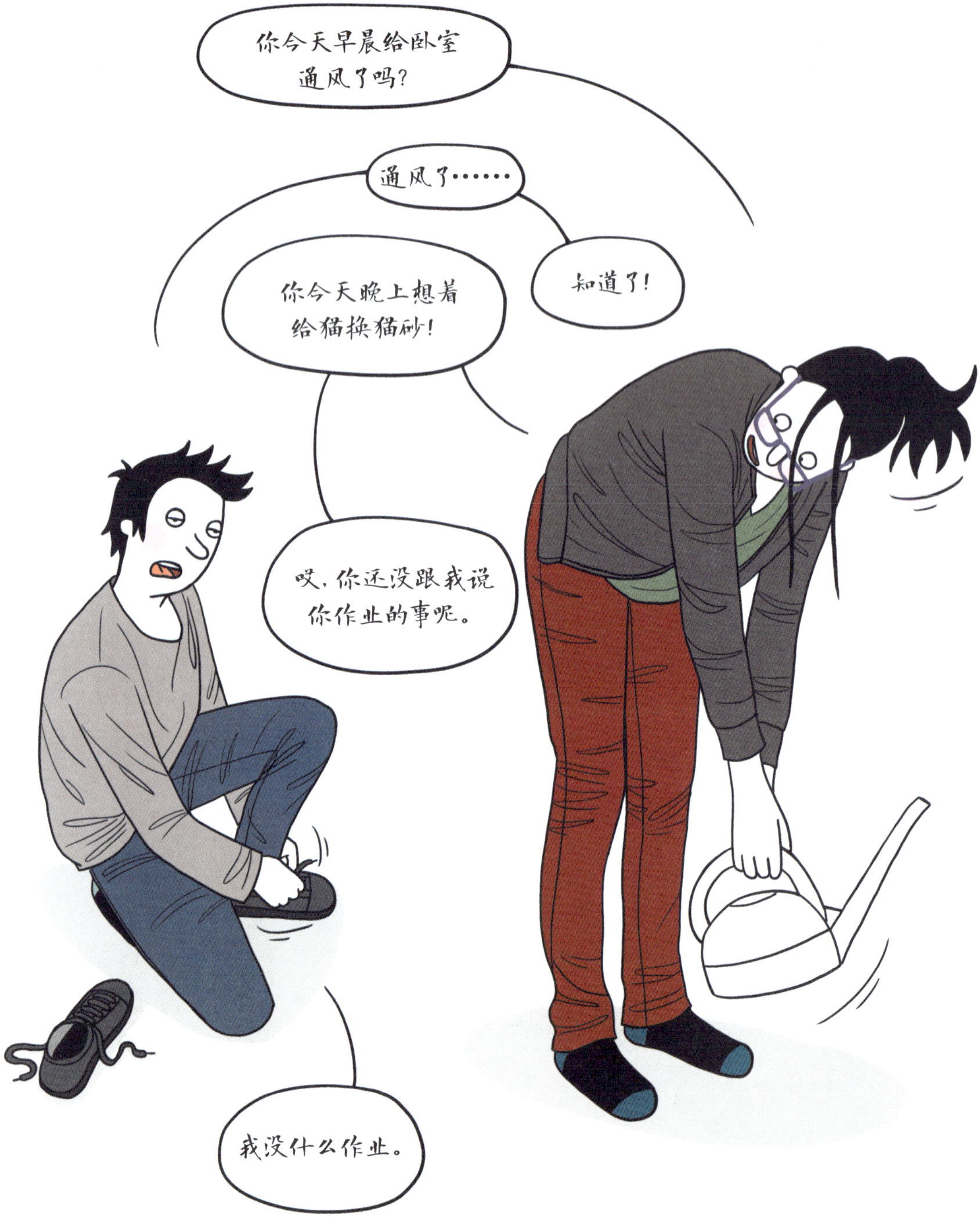
你今天早晨给卧室通风了吗？
通风了……
知道了！
你今天晚上想着给猫换猫砂！
哎，你还没跟我说你作业的事呢。
我没什么作业。

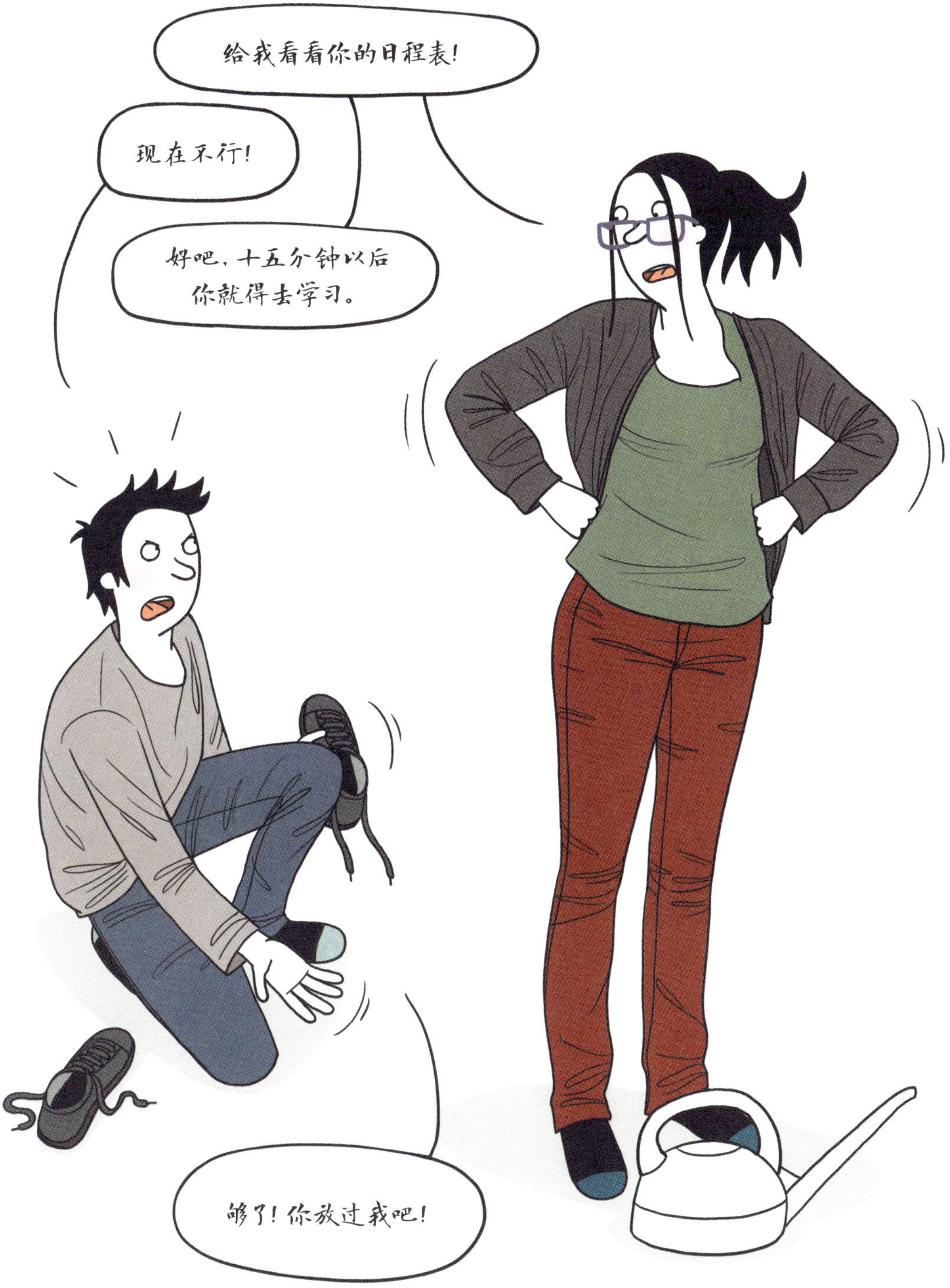
给我看看你的日程表！
现在不行！
好吧，十五分钟以后你就得去学习。
够了！你放过我吧！

父母为什么总管着你?

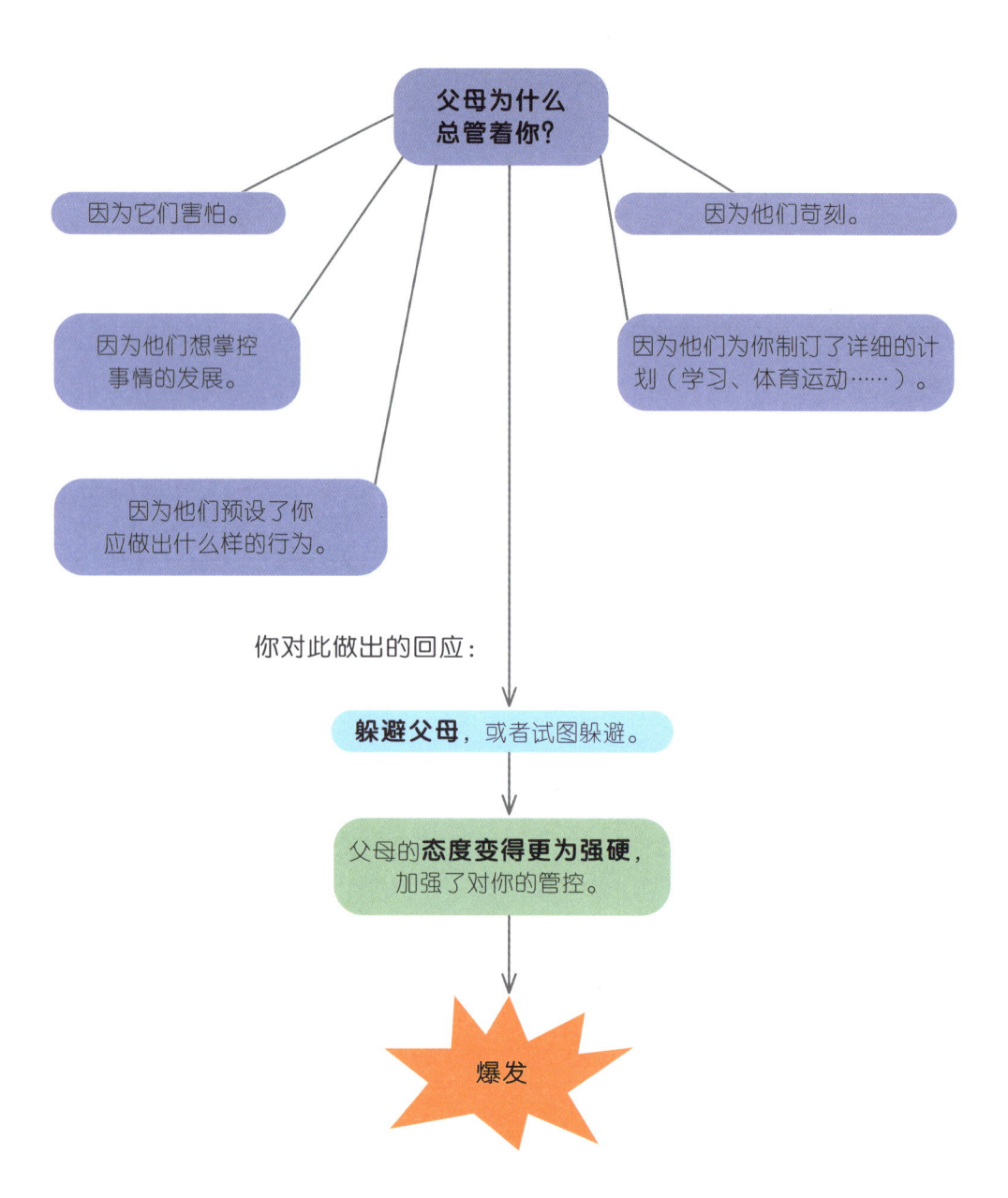

- 因为它们害怕。
- 因为他们想掌控事情的发展。
- 因为他们预设了你应做出什么样的行为。
- 因为他们苛刻。
- 因为他们为你制订了详细的计划（学习、体育运动……）。

你对此做出的回应：

躲避父母，或者试图躲避。

↓

父母的**态度变得更为强硬**，加强了对你的管控。

↓

爆发

在面临压力的时候，我们与动物一样，有三种应对方式：

- 攻击
- 放弃抵抗
- 逃避

面对父母的过度管控，你也可能会做出同样的反应。

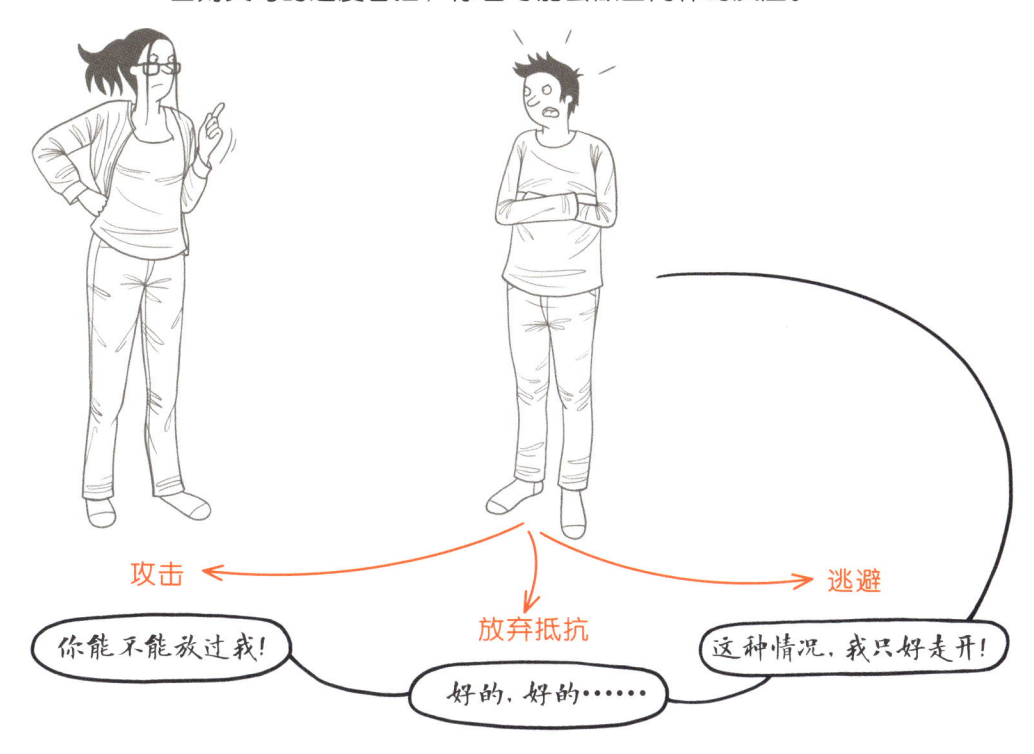

攻击 ← 　　　　　　　　　　　　　　　→ 逃避
　　　　　　　放弃抵抗

"你能不能放过我！"　　"好的，好的……"　　"这种情况，我只好走开！"

上面提到的每一种反应，都会让你产生新的压力，并让父母的态度变得更加强硬，这会让我们陷入无法摆脱的恶性循环！

那么你应该如何应对呢？

首先要清楚：我们无法改变他人，只能改变自己。

看看怎么才能帮助父母，让他们的态度变得温和、开放，你需要：

- 与父母对话
- 让父母安心
- 了解他们的观点
- 寻找折中的方案

他们不停地给我发信息

妈妈
你在哪里？
你在哪里呢？
还在学校吗？
马上回复我。
我有点担心了。😟

对不起，还是我妈妈……

我必须回复她，否则她又要给我打电话了。

嗯，没错！

要是我妈妈，她会用定位追踪我！

丁咚

父母不断给你发信息，问你在哪里，这是因为他们担心你！

在还没有发明手机的时候，父母不会因为你不回信息，就开始设想最差的情形。

这种情形可能恶化，也可能好转，这取决于你，因为他们会根据你的态度做出回应。

事实上，情形可能很快就变成下图所示的样子：

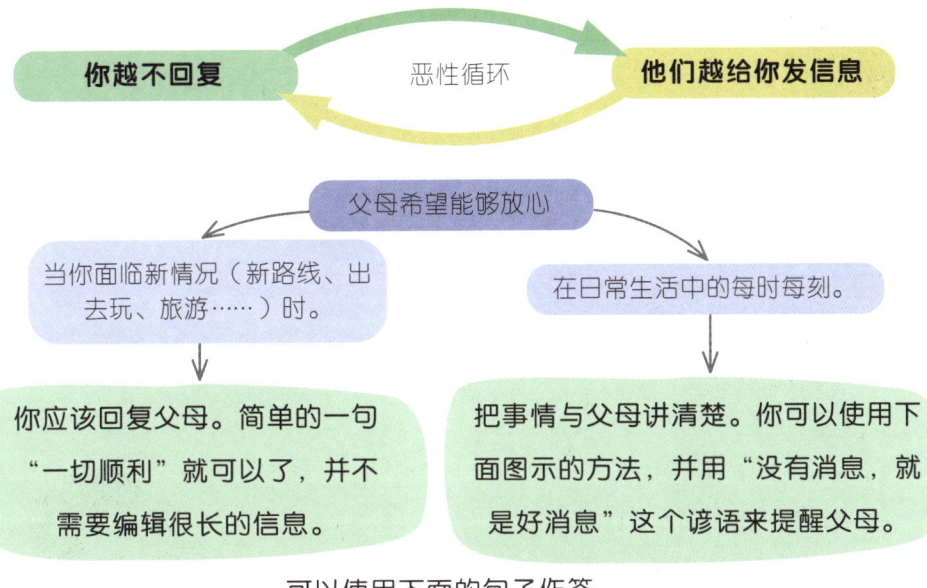

你越不回复 ⇌ 他们越给你发信息　恶性循环

父母希望能够放心

当你面临新情况（新路线、出去玩、旅游……）时。

你应该回复父母。简单的一句"一切顺利"就可以了，并不需要编辑很长的信息。

在日常生活中的每时每刻。

把事情与父母讲清楚。你可以使用下面图示的方法，并用"没有消息，就是好消息"这个谚语来提醒父母。

可以使用下面的句子作答。

一切顺利！　　　　等我回去再说。

有很多事情要和你们讲，但是现在没时间。　　　我现在不能和你说话，我正在……

在某些情况下，即使说一句　我不知道　或　我晚一点告诉你

也要好过不回复信息，这样能够让父母安心，他们也就不会不停地给你发信息了。如果他们觉得你的回复太短了，

比如　嗯　不　好　谢谢　在火车上

告诉他们，关键在于你回复了，详细的情况要晚一点才有时间讲。

他们总管着我　**139**

他们想知道我到底要去哪儿

> 妈妈,我要去跑步了!

> 你去哪儿跑步?

> 我也不知道!到哪儿算哪儿!

> 去体育场吗?

> 不去!

> 你总不至于在街上跑吧。

> 我想去哪儿就去哪儿!

> 你不告诉我你到底要去哪儿,就别出门!

为什么父母会像警匪片中的警察问讯罪犯一般盘问你呢?

父母盘问你是出于担忧，这些担忧的理由有时能够让人理解，有时则显得荒谬，这取决于父母的性格和经历。

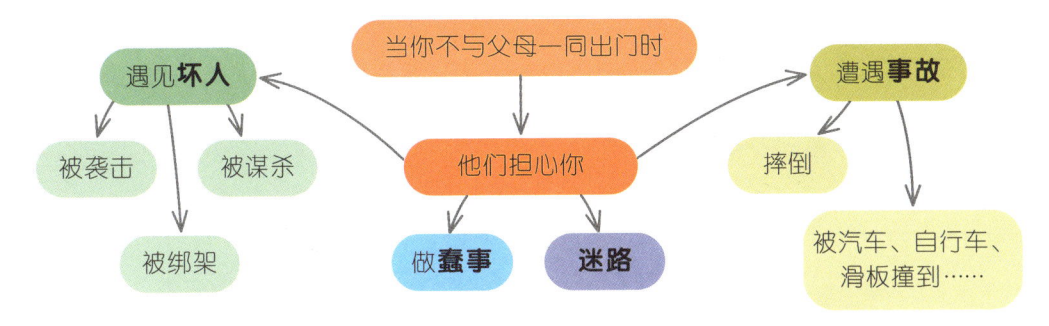

```
                    当你不与父母一同出门时
    遇见坏人 ←                              → 遭遇事故
   ↓      ↓            他们担心你              ↓
  被袭击  被谋杀         ↓      ↓            摔倒
   ↓                  做蠢事  迷路             ↓
  被绑架                                  被汽车、自行车、
                                         滑板撞到……
```

因此你要做的就是让父母安心，并让他们对你有信心。

你越安慰他们，他们越放心，

对你的管控就越少！

这样的说法还不够。话语不足以让父母安心，行动更重要。

别担心，妈妈，我可以搞定！

真的吗？

你可以**在保留自己隐私的情况下，告诉父母你要去的地方**

（告诉他们你要去哪个朋友家，但是不告诉他们你们要做什么）。

不要忘了，如果父母觉得你要去的地方有危险，为了保护你，他们可以行使否决权。

当父母否决你的时候，你可能会很气愤，不过过一阵子，你就会理解他们的做法。

而父母也可能会向你解释他们拒绝你的理由。

他们会因为我使用电子设备而发怒

> 你又在干吗?

> 你要把作业拖到什么时候?

> 我正在做呢!我正在找关于演讲的资料。

不管你是在用电子设备准备功课,还是在浏览社交网站,父母只会看到你在使用电子设备!而且他们会觉得除了这个,你什么也没做。

父母生气或对你发火！

大多数情况下，你可能没有发觉，他们生气的真正原因是

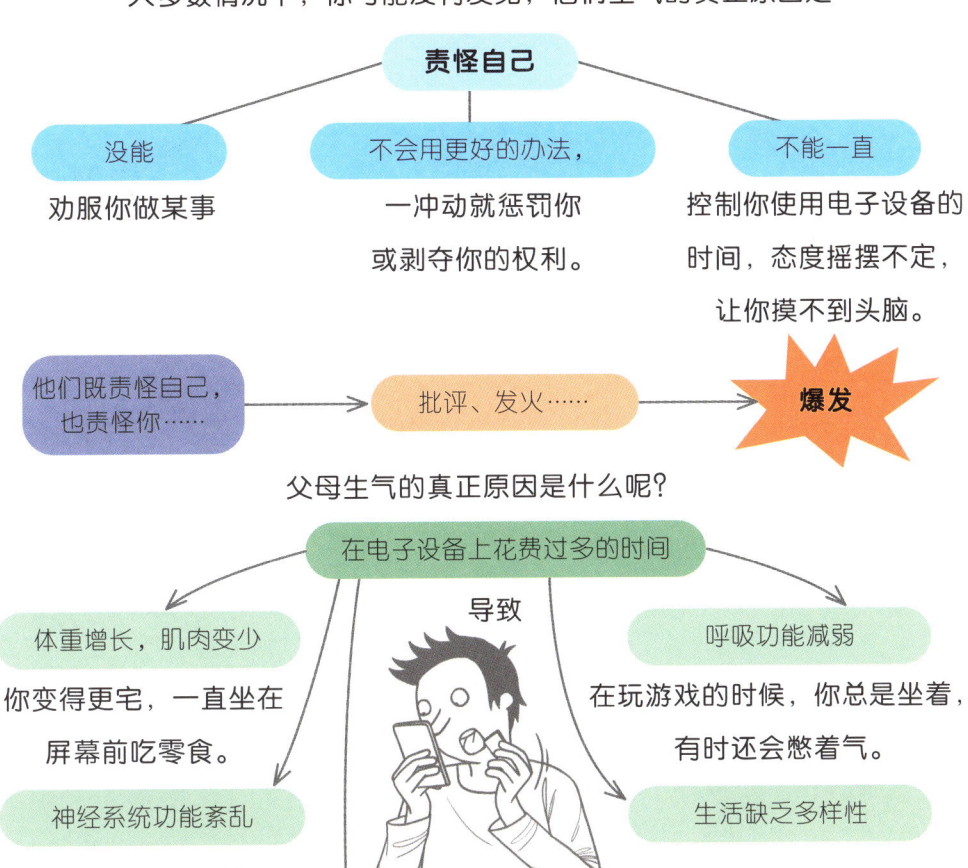

责怪自己

- 没能 劝服你做某事
- 不会用更好的办法，一冲动就惩罚你或剥夺你的权利。
- 不能一直 控制你使用电子设备的时间，态度摇摆不定，让你摸不到头脑。

他们既责怪自己，也责怪你…… → 批评、发火…… → **爆发**

父母生气的真正原因是什么呢？

在电子设备上花费过多的时间

导致

- 体重增长，肌肉变少
  你变得更宅，一直坐在屏幕前吃零食。

- 呼吸功能减弱
  在玩游戏的时候，你总是坐着，有时还会憋着气。

- 神经系统功能紊乱
  你的压力无法释放，体内的能量难以消耗。

- 生活缺乏多样性
  你没有发现丰富的大千世界（大自然的味道、土地的能量、树木、动物……）。

- 视力减退
  你的眼睛与电子屏幕保持的距离没有变化，在观看远处的时候，眼睛会无法适应，这增加了你患近视的风险。

因此不要疏于照顾自己

- 坚持运动（走路、跑步、游泳、骑自行车……）。
- 通过冥想、放松来舒缓神经。
- 白天出门走走。
- 到大自然中去，让感官重新敏锐起来。
- 保证充足的阳光下的户外活动时间，避免近视。

他们总管着我 **143**

他们总想和我说话！

> 所以，怎么……

> 啊，不，你可怜可怜我，今天晚上不要再问我问题了！

> 可我还什么都没说呢！

面对父母的穷追不舍，想正常安排生活、和朋友一起做点什么真是不容易，你可能会因此错过好几场约会。

父母究竟为什么会这样做呢？

父母觉得你在躲避他们

他们向你提**各种问题**，为的是你能和他们讲话

普通的问题 　　　　　　　　　　　　　　私密的问题

你今天都上什么课了？　　　　　汤姆是你的男朋友吗？

让你觉得**没劲**　　　　　　　　　　　让你感到**不安**

你对他们封闭了内心

父母觉得无法接近你，因此只要发现了突破口，他们就穷追不舍！

那么你应该如何做，才能摆脱这种折磨呢？

你可以试着让父母多**了解你目前的生活**，这样他们就可以提出合适的问题，进而理解你。

你不是有个朋友的父亲住院了吗，他现在怎么样了？

了解自己的内心世界，以便更好地**表达自己的需求**。

有时，你可以向父母敞开心扉，试着与他们交流。

有时，考虑到自己的感受，你可以不对他们讲自己的事情，但是要告诉他们你的需求。

我告诉过你们……

我需要自己安静一段时间，不想和任何人讲话。

如果你觉得父母接近你的方式不恰当，可以告诉他们你的感受。你的反馈可以让他们修正自己的行为，让他们用更合适的方式与你交流。

当你们这样对我说话时，我不仅完全不想回答，甚至想离你们远一点。

他们总盯着我的考试成绩不放

> 我正在看你们学校的网站呢,你这考试成绩是怎么回事啊?

> 最近成绩一直在下滑啊!

> 所有的成绩都得提高啊!

有时你会觉得他们只对你的考试成绩感兴趣!

什么样的父母才会执着于你的考试成绩呢？

想让你**自律**的父母。

把谈论成绩当作**开启对话**的好办法的父母。

认为考试成绩比学习过程**更重要**的父母。

觉得你**成绩不好**就是在**蹉跎生命**的父母。

当然父母会觉得上面的答案都不对！如果你问他们：

你们对自己的孩子真正的期望是什么？

他们肯定不会说：

取得好成绩！

他们通常会说，他们希望你：

自主

能够选择自己的职业道路

能够找到自己热爱的工作

能够做自己喜欢的事，喜欢自己正在做的事

能够快乐地生活

那么他们为什么不告诉你这些，而是每天都拿那该死的考试成绩来烦你呢？我们来看看父母的逻辑，你可能就明白了。

好成绩 → 为你提供选择学业、获得成功的机会 → 从事自己喜欢的职业 → 获得幸福

但是有时父母并没有将自己的想法完整表达出来，他们简单粗暴的做法让你感到气馁。所以你应该试着告诉他们：

执着于考试成绩**并没有用**。

威逼"利诱"**不能**让你做得更好。

分析你遇到的困难是什么，让他们和你一起寻找提高能力的办法，而不是仅盯着考试成绩。能力提高了，成绩就会变好，不要反其道而行之！

他们总管着我 **147**

他们不喜欢我的学习方法

哎，你是在耍我吗？

你告诉我没有作业，其实有。

然后到了该睡觉的时间，你才做作业！

没事，我五分钟就可以写完！

你能不能认真一点，真是气死我了！

你拖到最后一刻才做作业，父母会因此感到焦虑。

气氛越来越紧张，这对你动手写作业可没有帮助，有时甚至会起到反作用。

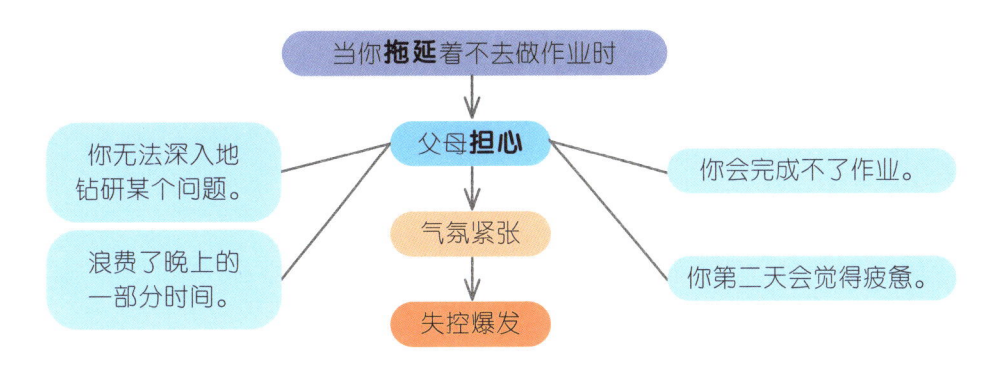

```
                    当你拖延着不去做作业时
                              ↓
你无法深入地  ←————   父母担心   ————→  你会完成不了作业。
钻研某个问题。           ↓
                      气氛紧张         ————→  你第二天会觉得疲惫。
浪费了晚上的           ↓
一部分时间。    ←——  失控爆发
```

有时父母会忘记，开始做作业并不是一件容易的事，这是因为：

- 你对此完全**没有兴趣**。
- 你**不明白**为什么做作业。
- 你**害怕**做不好作业。
- 你不会将作业分割成更小的**任务单元**。
- 你不知道**从哪里开始入手**。
- 你觉得做**作业没有意义**。

那么你如何做才能自己解决这个问题呢？

现在指导学习的书籍、网站与指导手册越来越多，你可以从中找到一些方法、技巧，它们会对你有所帮助。

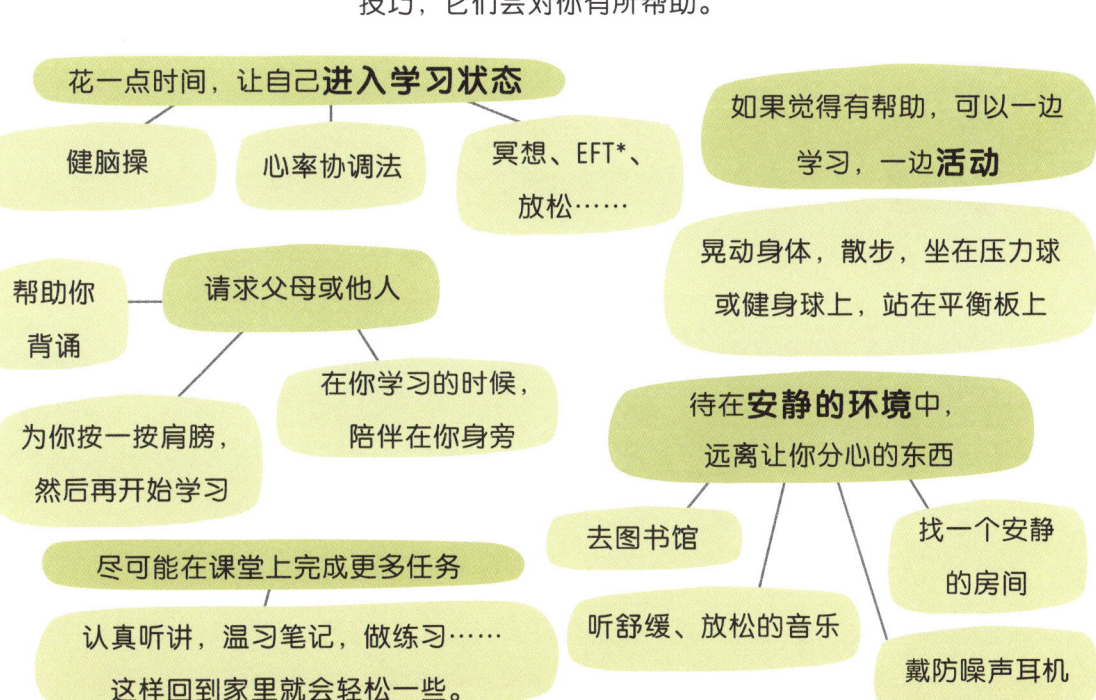

花一点时间，让自己进入学习状态
- 健脑操
- 心率协调法
- 冥想、EFT*、放松……

请求父母或他人
- 帮助你背诵
- 为你按一按肩膀，然后再开始学习
- 在你学习的时候，陪伴在你身旁

尽可能在课堂上完成更多任务
- 认真听讲，温习笔记，做练习……这样回到家里就会轻松一些。

如果觉得有帮助，可以一边学习，一边活动
- 晃动身体，散步，坐在压力球或健身球上，站在平衡板上

待在安静的环境中，远离让你分心的东西
- 去图书馆
- 听舒缓、放松的音乐
- 找一个安静的房间
- 戴防噪声耳机

* 见第172页。

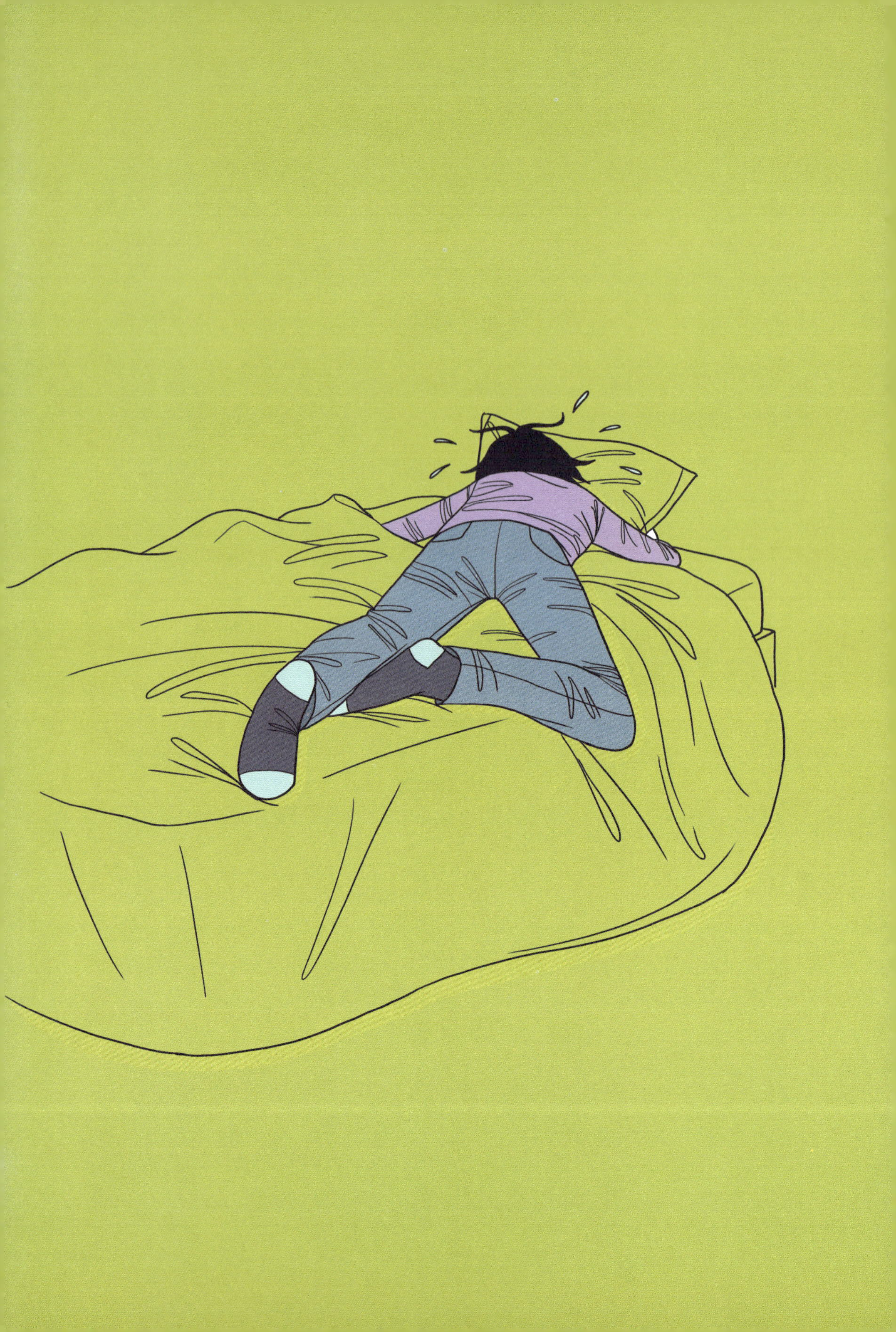

他们最终会理解我吗?

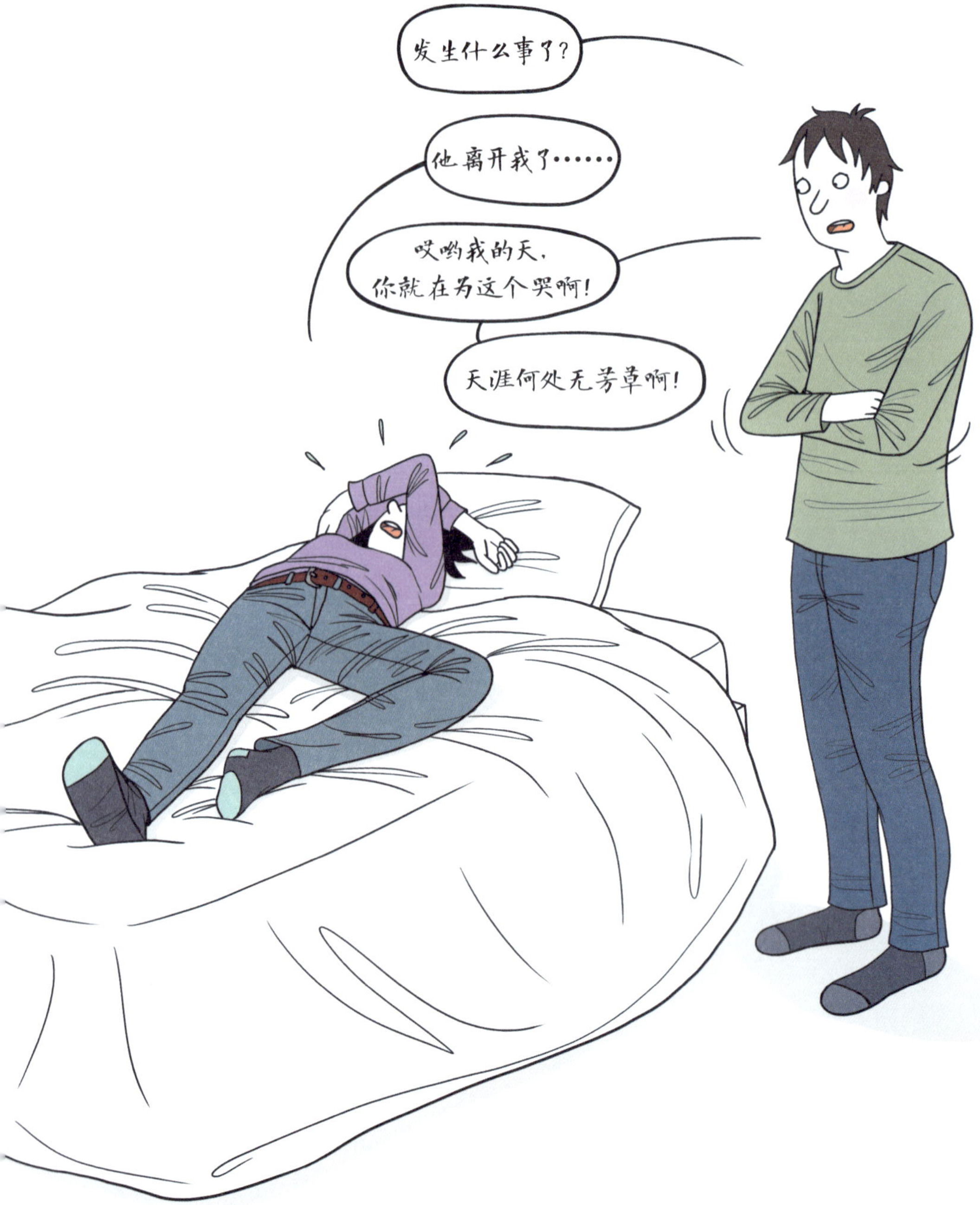
发生什么事了？
他离开我了……
哎哟我的天，你就在为这个哭啊！
天涯何处无芳草啊！

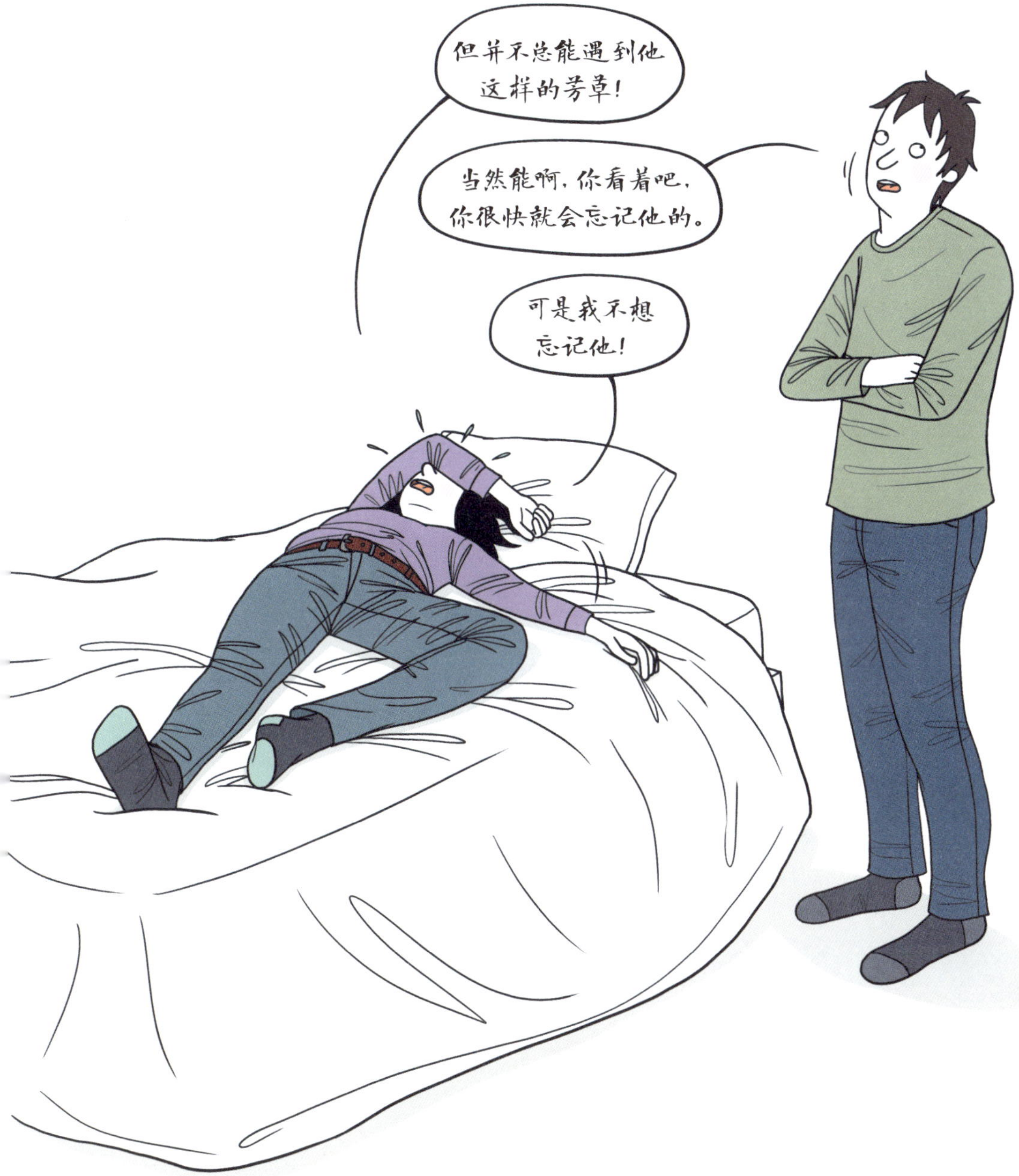
但并不总能遇到他这样的芳草！
当然能啊，你看着吧，你很快就会忘记他的。
可是我不想忘记他！

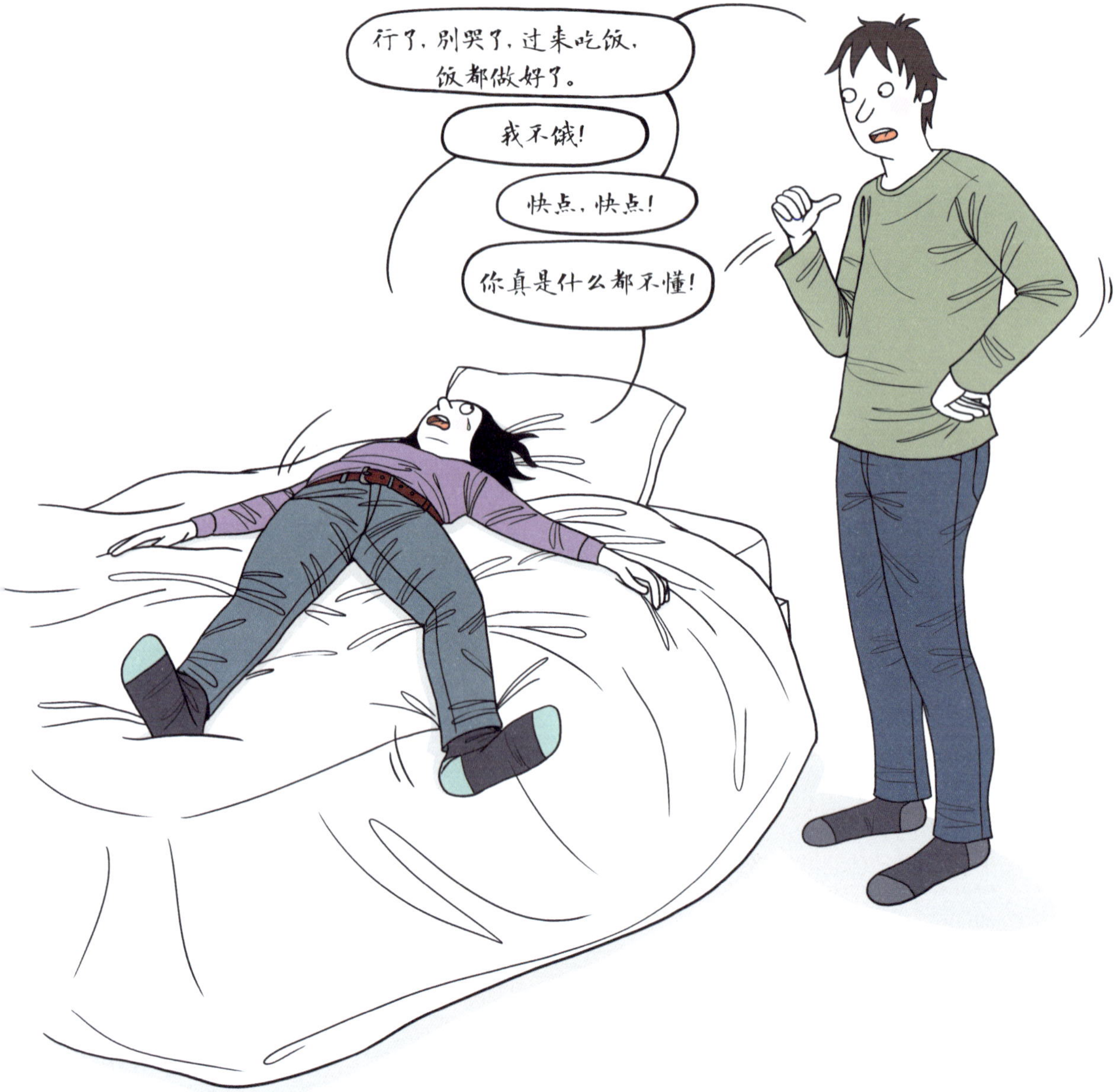
行了，别哭了，过来吃饭，
饭都做好了。
我不饿！
快点，快点！
你真是什么都不懂！

反正这个家里谁都不理解我!

你们根本看不出来我难过，我都没法和你们说!

你们觉得比我自己更知道什么对我好!

你们从来都不问我的想法，但是你们和我吵架的时候一个比一个厉害!

我受够了!!

父母不是你肚子里的蛔虫，他们不一定能够猜到你的所想所感。

我完全不明白！

他们反应过度，设想出最糟糕的情景。

他们在为自己的事情（夫妻关系、工作、朋友……）烦恼。

我的天哪，太糟糕了，你打算怎么办？

为什么他们不理解你？

你又怎么了？！

他们正在经历中年危机，无暇顾及你。

你的青春期经历让他们回想起了自己的经历。

我现在没有时间！

他们也受到了你强烈情绪的影响，无法承受。

我像你这么大的时候……

这太严重了！

那么该怎么办呢？

他们是父母，是成年人，学会与你相处是他们应尽的责任。

但是你渐渐长大了，情商越来越高，你也可以试着去了解父母、接近父母。

告诉他们**你的感受**。

告诉他们你的**需要**（憧憬）。

明确地说出你的特别**需求**。

和他们一同寻找合适的**时机**，进行高质量的交流。

如果你想和父母讨论你遇到的困难和经常出现的问题，那就要**引导**父母帮你，让他们思索："怎么做才能帮助他呢？"

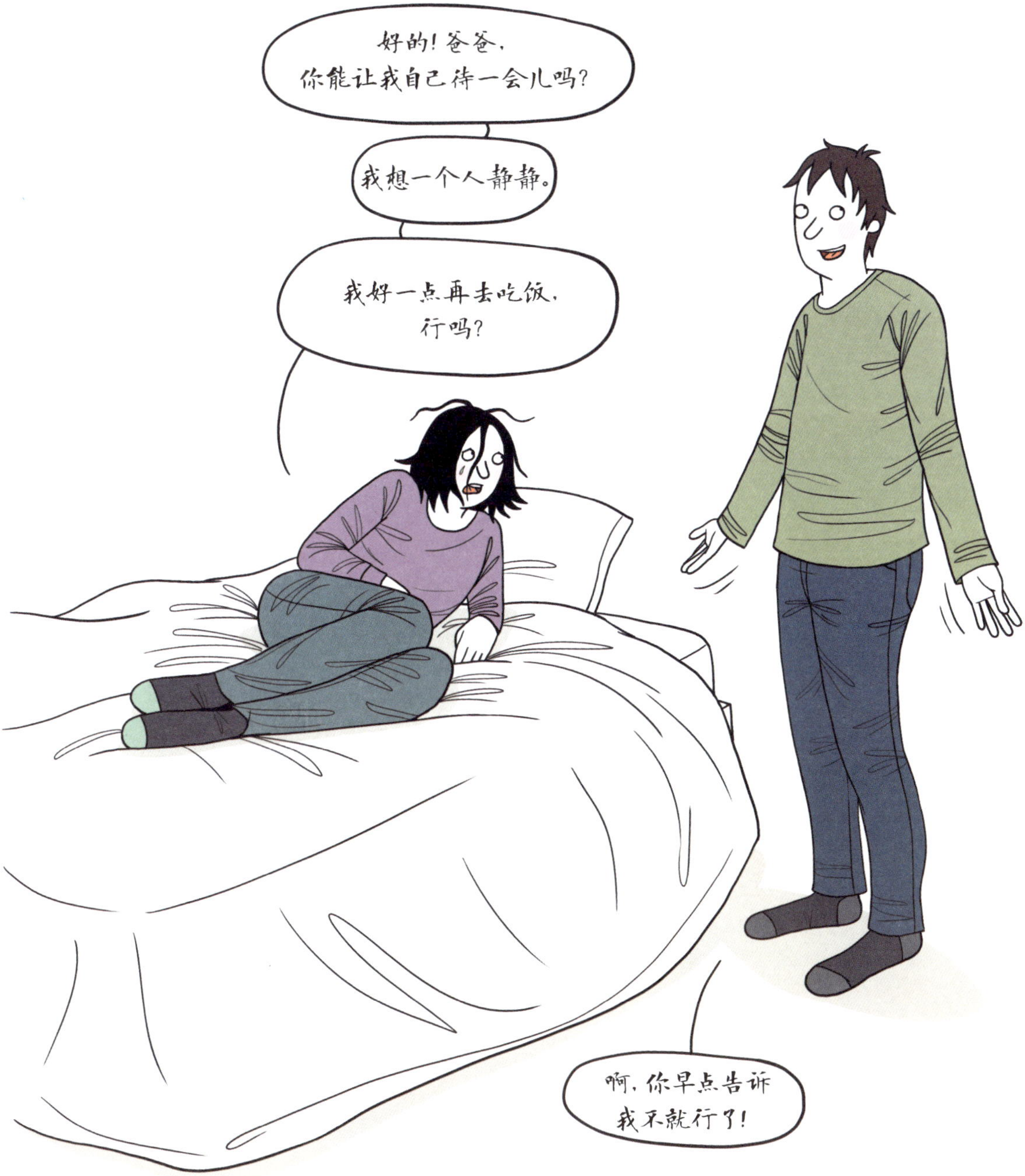
好的！爸爸，
你能让我自己待一会儿吗？
我想一个人静静。
我好一点再去吃饭，
行吗？
啊，你早点告诉
我不就行了！

他们因为我吵架

- 你为什么不让他去?
- 他得学习!
- 他可以先学习,然后再去!
- 不行,他不能去。
- 你怎么这么教条!
- 没错,妈妈说得对!
- 你看见了吧,你惯着他的结果就是这样!
- 总是我来当恶人!
- 气死我了,你什么都不懂,就是只井底之蛙!

当父母因为你吵架的时候,你很容易产生负罪感。但是你并不是他们争吵的原因,而是他们争吵的话题,导致争吵的真正原因在于,他们之间意见不一致!

父母争吵的原因是什么?

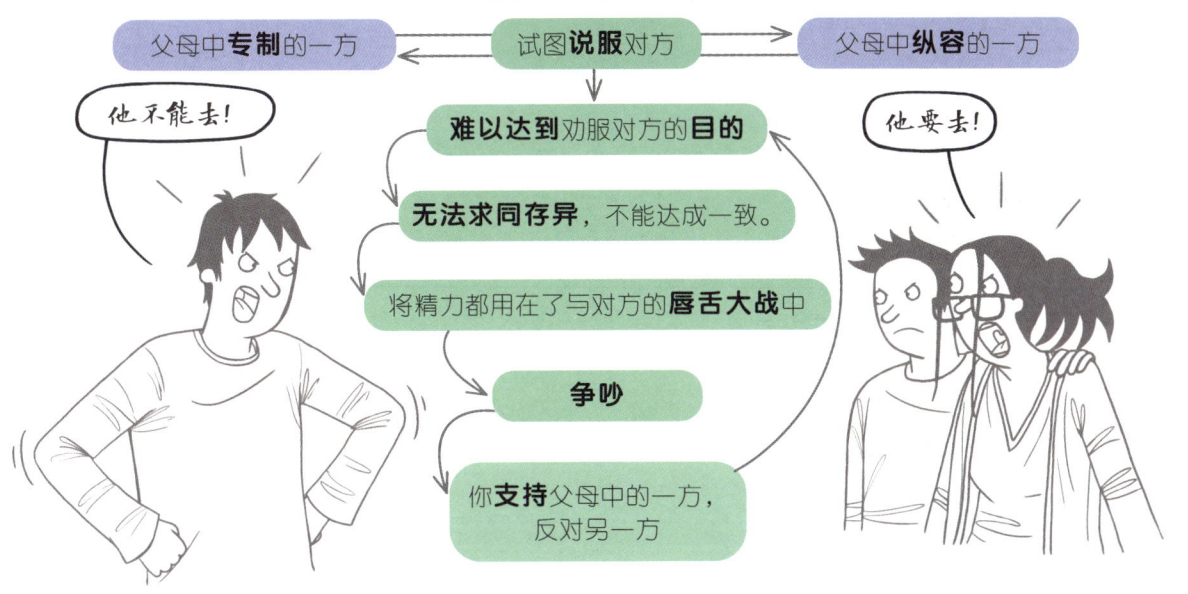

父母中**专制**的一方 ← 试图**说服**对方 → 父母中**纵容**的一方

他不能去!   *他要去!*

- **难以达到**劝服对方的**目的**
- **无法求同存异**,不能达成一致。
- 将精力都用在了与对方的**唇舌大战**中
- **争吵**
- 你**支持**父母中的一方,反对另一方

如果你在他们的争吵中扮演了某个角色,这并不是你的责任,而是他们的责任。

他们本不应让你卷入到他们的争执中。但是如果你意识到了这一点,

就从他们的争吵中撤出来,以旁观者的角度,帮助他们达成一致。

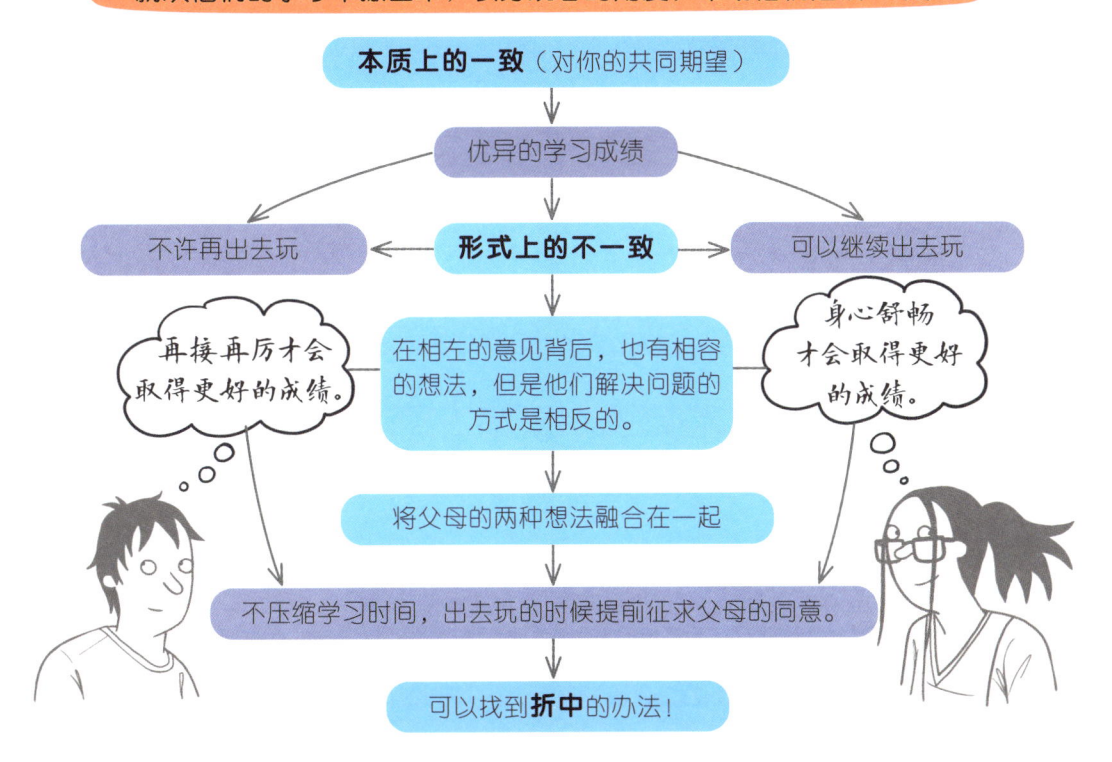

本质上的一致(对你的共同期望)

↓

优异的学习成绩

↙ ↓ ↘

不许再出去玩 ← **形式上的不一致** → 可以继续出去玩

再接再厉才会取得更好的成绩。   *身心舒畅才会取得更好的成绩。*

在相左的意见背后,也有相容的想法,但是他们解决问题的方式是相反的。

↓

将父母的两种想法融合在一起

↓

不压缩学习时间,出去玩的时候提前征求父母的同意。

↓

可以找到**折中**的办法!

他们最终会理解我吗? **159**

他们以为我药物上瘾

"你能给我解释一下你牛仔裤口袋里的药物是什么吗?"

"啊,呃……"

"我就知道,你在滥用药物。"

"你戒不掉了吧,是上瘾了吗?"

"我们该拿你怎么办呢?"

父母一旦发现你滥用药物,就会担心你已经上瘾了。对此我们需要弄清楚几件事……

滥用药物会导致长期依赖。

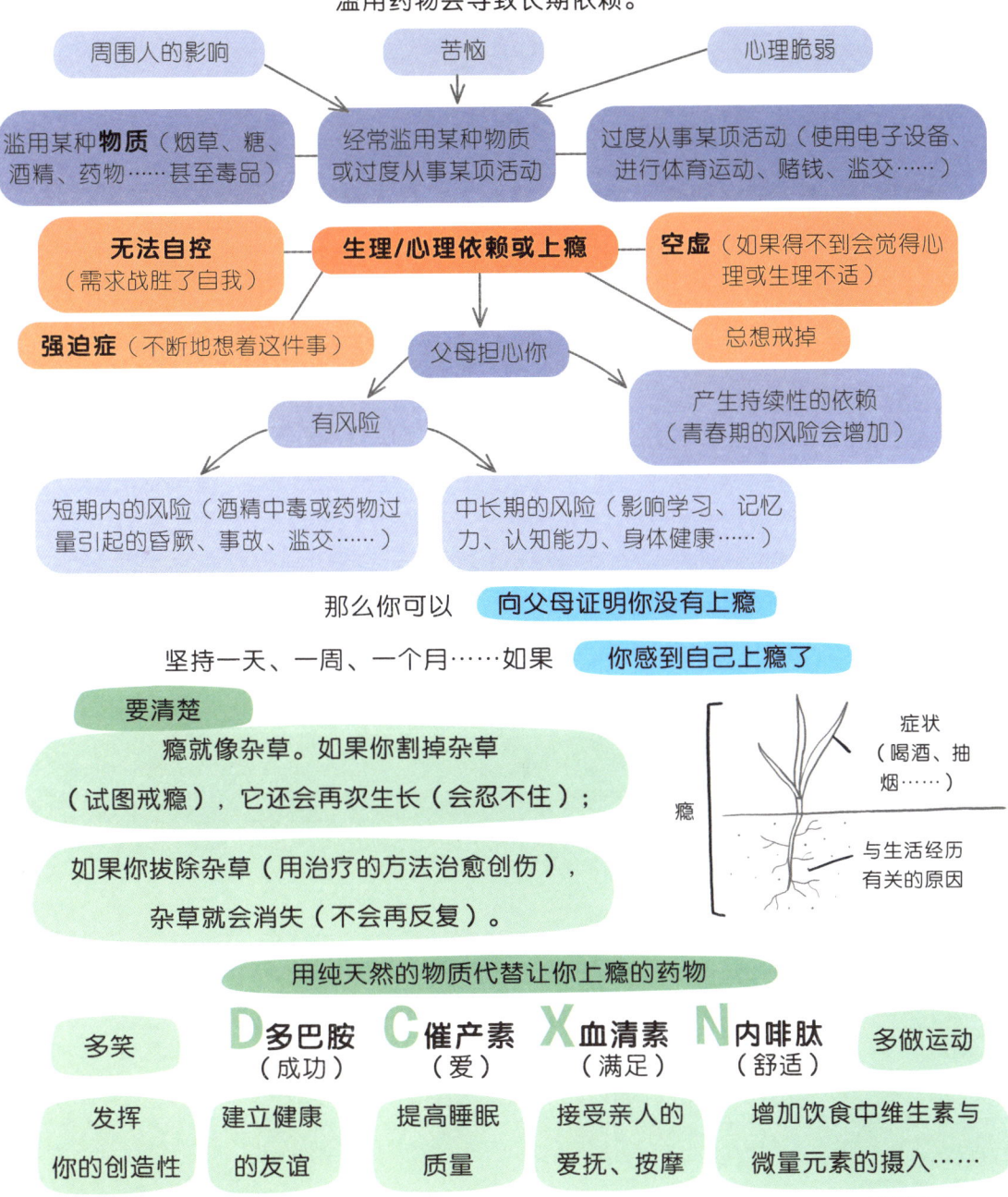

- 周围人的影响
- 苦恼
- 心理脆弱

→ 经常滥用某种物质或过度从事某项活动

- 滥用某种**物质**（烟草、糖、酒精、药物……甚至毒品）
- 过度从事某项活动（使用电子设备、进行体育运动、赌钱、滥交……）

生理/心理依赖或上瘾

- **无法自控**（需求战胜了自我）
- **空虚**（如果得不到会觉得心理或生理不适）
- **强迫症**（不断地想着这件事）
- 总想戒掉

↓ 父母担心你

↓ 有风险

- 短期内的风险（酒精中毒或药物过量引起的昏厥、事故、滥交……）
- 中长期的风险（影响学习、记忆力、认知能力、身体健康……）

产生持续性的依赖（青春期的风险会增加）

那么你可以 **向父母证明你没有上瘾**

坚持一天、一周、一个月……如果 **你感到自己上瘾了**

要清楚

瘾就像杂草。如果你割掉杂草（试图戒瘾），它还会再次生长（会忍不住）；

如果你拔除杂草（用治疗的方法治愈创伤），杂草就会消失（不会再反复）。

瘾
- 症状（喝酒、抽烟……）
- 与生活经历有关的原因

用纯天然的物质代替让你上瘾的药物

| 多笑 | **D 多巴胺**（成功） | **C 催产素**（爱） | **X 血清素**（满足） | **N 内啡肽**（舒适） | 多做运动 |

- 发挥你的创造性
- 建立健康的友谊
- 提高睡眠质量
- 接受亲人的爱抚、按摩
- 增加饮食中维生素与微量元素的摄入……

- 合理规划生活安排
- 冥想

上面这些方法是免费的（或者说几乎是免费的），可以反复调整，并且没有副作用！

他们看不到我与他人相处的困难

行了，上周你已经演过这一出了。

肚子疼也不妨碍去上学！

父母很难想象你出现的问题，更想象不到你遭到了霸凌。

你觉得告诉父母自己受到了霸凌很为难，因为：

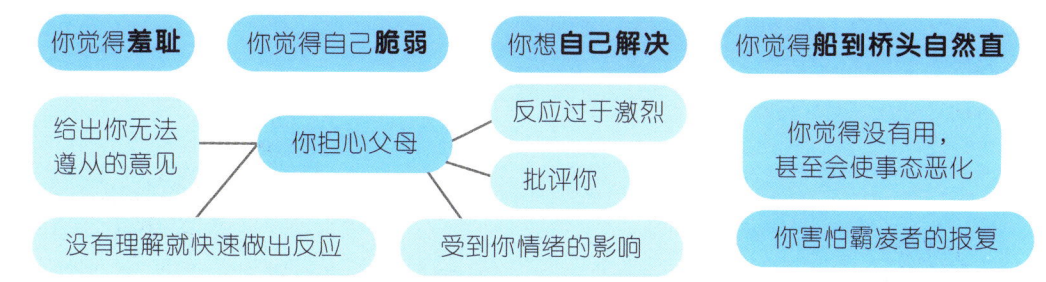

| 你觉得**羞耻** | 你觉得自己**脆弱** | 你想**自己解决** | 你觉得**船到桥头自然直** |

你担心父母：
- 给出你无法遵从的意见
- 没有理解就快速做出反应
- 反应过于激烈
- 批评你
- 受到你情绪的影响

你觉得船到桥头自然直：
- 你觉得没有用，甚至会使事态恶化
- 你害怕霸凌者的报复

但是把事情说出来至关重要！

如果你不说出来，霸凌的行为就不会停止！

如果你无法告诉父母，就告诉你周围信任的某个成年人，接下来（或者同时），把你的经历告诉学校里的某一个人。

如何才能避免霸凌再次发生呢？

要想得到他人的尊重，首先要自我尊重。

- 坚持自己认可的价值观，并让他人尊重它（比如"我不接受暴力，也不会任由他人对我施加暴力"）。
- 即使是对自己相信的、尊重的人，也要勇于说"不"。

霸凌是一场输赢游戏。

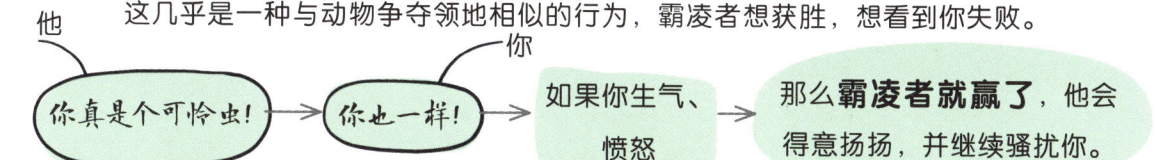

这几乎是一种与动物争夺领地相似的行为，霸凌者想获胜，想看到你失败。

他：（你真是个可怜虫！）→ 你：（你也一样！）→ 如果你生气、愤怒 → **那么霸凌者就赢了**，他会得意扬扬，并继续骚扰你。

获胜的法门就是要对他的话表现出不在意、不受伤的样子。

他：（你就是个白痴，我讨厌你的夹克衫） → 你：（是吗？那真是不好意思。我倒是很喜欢你的夹克衫！） → 这会让他猝不及防 → 这样霸凌者就输了，他不会再继续骚扰你。你就可以安心了！好胜的人不喜欢输！

理想的办法是善于使用幽默的武器向冒犯你的人反击。

但是如果你无法保持冷静，就做不到这一点！

（你好真！） （哎哟！可不是嘛，谢谢你告诉我！）

他们最终会理解我吗？

他们言行不一致或不可信

> 你答应过我的!

> 够了,你别喊了,我们下次再去!

> 现在到底是谁在喊!

如果你的父母不能一直做到言行一致,不能让你一直相信他们,这确实会让人感到不快,但是这也说明了一件重要的事情:

他们也是普通人,做事也会不完美!

你与父母双方都应该积极寻找解决办法,而不是相互指责,灰心丧气。

我们给出了一些典型例子以及解决办法，供你参考。

他们言行不一致

他们说不要……

——叫喊、打人、骂人
——离开餐桌
——晚上使用电子设备
——窝在沙发里
——吃饭的时候看手机
——……

而他们不这么做！

他们不可信

他们承诺……

——陪伴我
——带我去听音乐会
——和我一起购物
——帮助我做作业
——重新布置我的卧室
——……

而他们不遵守诺言

你该怎么办呢？

用幽默的方式做出回应。

> 哎，爸爸，你不是说不要在两顿饭中间吃零食吗？

> 要是你不好好吃晚饭，你就直接去睡觉，不能吃甜点！

说出你的感受，并提出你的要求。

> 我很失望，你答应过我去看电影的。

> 那我们周末之前能去吗？

也试着去理解父母，他们的态度可能事出有因。

> 今天晚上他特别累。

> 他今天工作很辛苦！

你得承认，自己也并不能做到一直言行一致，一直可信。

> 我说过不再看剧的，结果我又开始看下一季了。

> 我跟汤姆保证今天晚上给他打电话的，但是我没做到。

他们最终会理解我吗？

他们过分担心我对性话题的关注

你跟我解释一下,为什么你的浏览记录中有"大胸女人"。

这让我有点担心啊……

父母很容易会因为你对性话题的关注而过分担心,特别是当你们从来没有一起讨论过这个话题的时候。

父母为什么对性话题感到担心（可能有道理，也可能莫名其妙）？

- 受某些观点的影响，对性的看法有偏见
- 怀孕
- 对色情网站上瘾
- 通过性途径感染疾病
- 会面临滥交、猥亵、强奸
- 接受不合理的性条件，建立有害的关系

如果父母为你担心，应该由他们来主动和你交流。而你根据自己的实际经历，参考下面的几个标准：

真正做到尊重自己，尊重他人，让自己的内心足够强大，这样才能

- 对适合自己的事情说"是"，对不适合自己的事情说"不"。
- 控制自己的冲动，做到不强迫他人，并能承受他人的拒绝。

不要觉得非此即彼，在两个极端之间找到自己合适的位置。

所有能做的事情，我都要试一试。

我什么也不碰，什么也不试。

过自己想过的生活，不必担心父母或社会的评价。

珍藏自己的经历，让它们构成你的**"秘密花园"**，由你来控制进入花园的大门，决定是否与父母分享。

如果你觉得与父母分享你的担忧有些困难，那么你可以这样做：

- 对青年之家、家庭计划中心的工作人员，学校里的校医，夏令营的负责人等倾诉。
- 对你周围的某个成年人倾诉，因为情感上的距离反而会使交流变得简单。
- 对你信任的、能让你勇于讲述的某个年轻人倾诉。
- 对你见过的并可以解答你疑惑的医生倾诉。

他们最终会理解我吗？

他们不考虑我的感受

> 我给你报了个假期舞蹈班。

> 什么?!

> 谁跟你说我想学跳舞了?

> 呃,你不是喜欢舞蹈嘛!

> 但是我不想假期的时候去学一周舞蹈,而且班里的人我都不认识……

> 我不想去!

> 不能退班了!

> 真是莫名其妙!

你的父母可能会不征求你的意见就为你做决定,这是因为他们觉得自己知道什么对你有好处,没有必要征求你的意见。

父母觉得他们比你自己更了解你的需求。

| 他们将自己的选择**强加给你**。 | → | 你觉得他们的选择**和你没有关系**。 | → | **爆发** | → | **误解** 他们以为你是因为他们的选择在闹别扭，不明白其实你是因为他们强迫才不高兴。 |

← 他们继续这样的做法 ←

为了避免发生上面的情况，让父母停止这样的行为，你要告诉他们你的期望，你希望他们：

能够听你说话，真的对你讲的话**感兴趣**。

在做出与你相关的决定时，**征求你的意见**。

能够**共同建设**家庭。

那么具体该如何做呢？

父母**说出**他们为你制订的计划。

> 你觉得假期去学舞蹈怎么样？

你给出自己的**意见**，表达自己的**担忧**。

> 我不想和不认识的人一起学习一周舞蹈。

他们**倾听你的意见**，并重复一遍你的话，确保清楚了你的意思。如果他们还是我行我素，你可以提醒他们。

> 我觉得这没什么问题啊！

> 我觉得我已经把我的意思说清楚了。

你们可以就某一点进行**争辩**。

> 你可以遇见其他喜欢舞蹈的人啊！

> 妈妈，我还没有喜欢到那个程度！

你们开始一同寻求**折中的解决办法**。

> 那要是你的朋友朱莉陪你一起去呢？你们也可以不学习七天，学习四天怎么样？

> 啊，这样的话倒是可以！

控制我们的怒火

控制我们的怒火

应用EFT来控制我们的怒火
（情绪释放技术）

EFT是一种释放情绪的技术，它通过对人体的脸部、胸部与手部的十四个部位进行轻轻的拍打，来达到抚平情绪的效果。

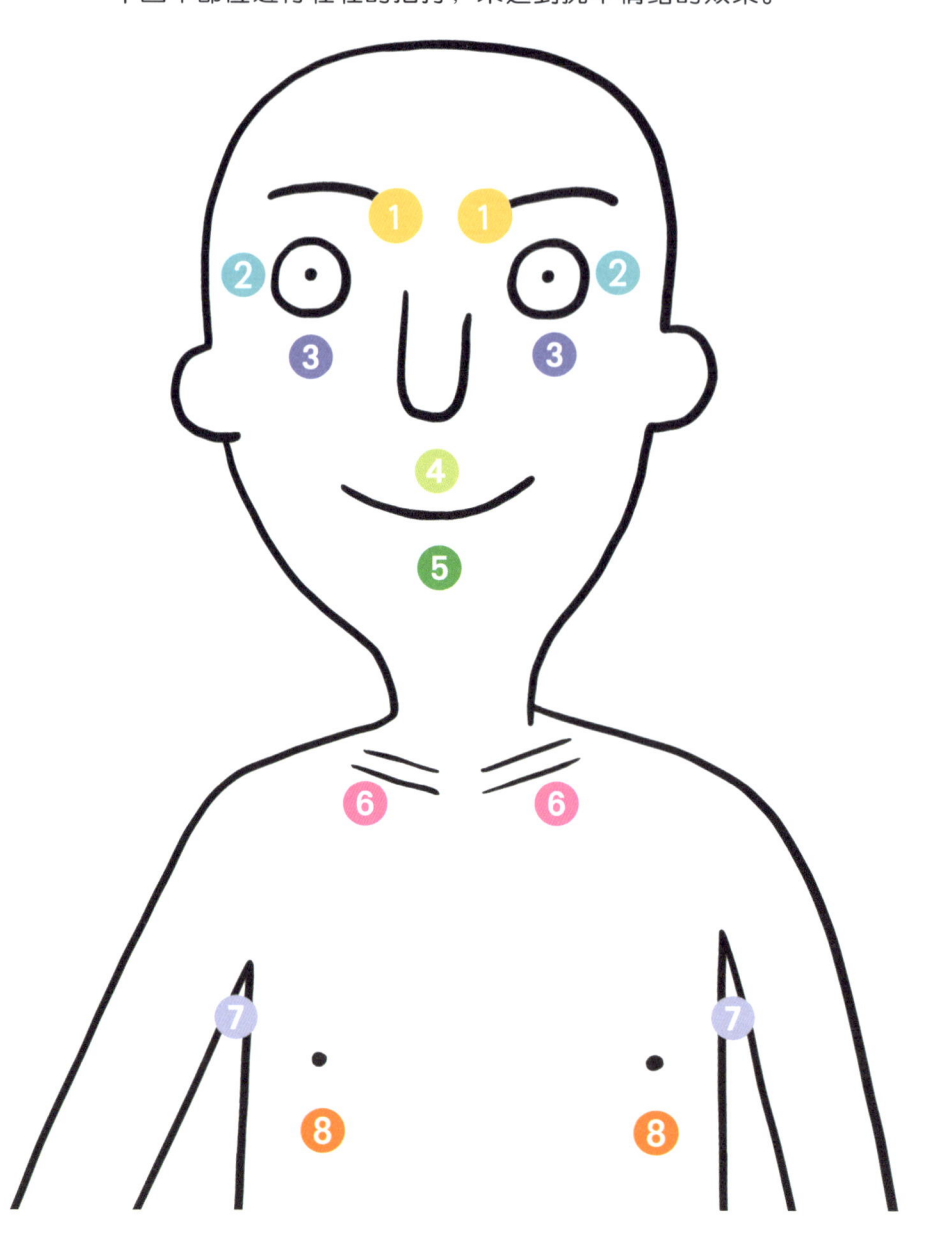

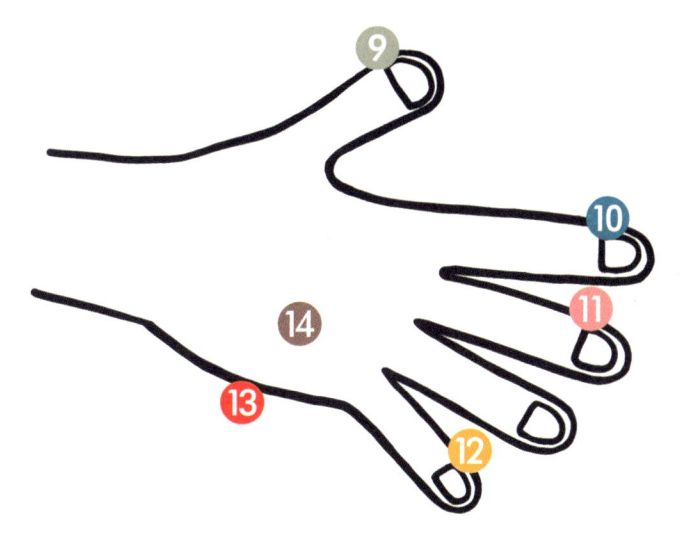

1 双眉内侧	8 胸部下方
2 双眼外侧	9 大拇指
3 双眼下方	10 食指
4 人中	11 中指
5 下巴的凹陷处	12 小拇指
6 锁骨下方	13 手刀点（手的外侧）
7 腋下	14 九合点（如图示手背上无名指与小指的根部下方）*

情绪释放技术（EFT）是美国心理学家盖瑞·奎格根据罗杰·卡拉汉的思维场疗法（TFT）发明的。盖瑞·奎格在偶然的情况下发现，通过拍打某些部位，可以消除一个人的恐惧感。EFT是对TFT的简化，它通过释放各种负面情绪，让身体恢复平衡。

* 无须拍打无名指，因为拍打九合点会起到替代作用。

在健康的亲子关系中，父母与孩子双方都会表现出善意。

但是如果双方被愤怒冲昏了头脑，就很难继续保持善意了。

> 去整理房间！
>
> 不，我不去！
>
> 你立刻去！
>
> 你想得美！

EFT中的**火山技术***，可以帮助你迅速、持久地释放愤怒情绪。

这个方法很简单，易于操作。

- 找个安静的、不受人打扰的角落，先将愤怒降低到可控的程度；
  - 在愤怒程度有所减弱后，再将这种情绪彻底排解出去，不再发怒，或者降低怒气的强度。

用数字 0 到 10 来衡量愤怒的强度。

按照上图所示，轮流拍打之前提到的十四个部位，在拍打每个部位的时候说一个简单的句子，任何你想对那个惹你生气的人说的话都可以。

再次估测自己的愤怒强度，如果还没有恢复足够的平静，就重新开始一轮拍打，可以根据需要，增加轮数。

* 火山技术是丽贝卡·玛丽娜提出的一种释放情绪的方法。

下面给出的范例，是你在进行一轮拍打时可以说的句子。

释放怒气才是最关键的，所以无须束缚自我，说些难听话、脏话也没有关系。我们越放松，效果就越理想！

拍打时应动作迅速，每个部位拍打五到七下。

父母一方　　　　　　　　　　　　孩子一方

1 双眉内侧

- 你太气人了！
- 你真是什么都不懂！

2 双眼外侧

- 我只不过让你整理房间而已。
- 你总是让我去整理！

3 双眼下方

- 你根本不把我的话当回事！
- 你从来不考虑我的感受！

4 人中

- 你还敢挑衅地笑！
- 你从来没有试着去理解我！

5 下巴的凹陷处

- 你总要跟我一争高下！
- 你真是一无是处！

控制我们的怒火　175

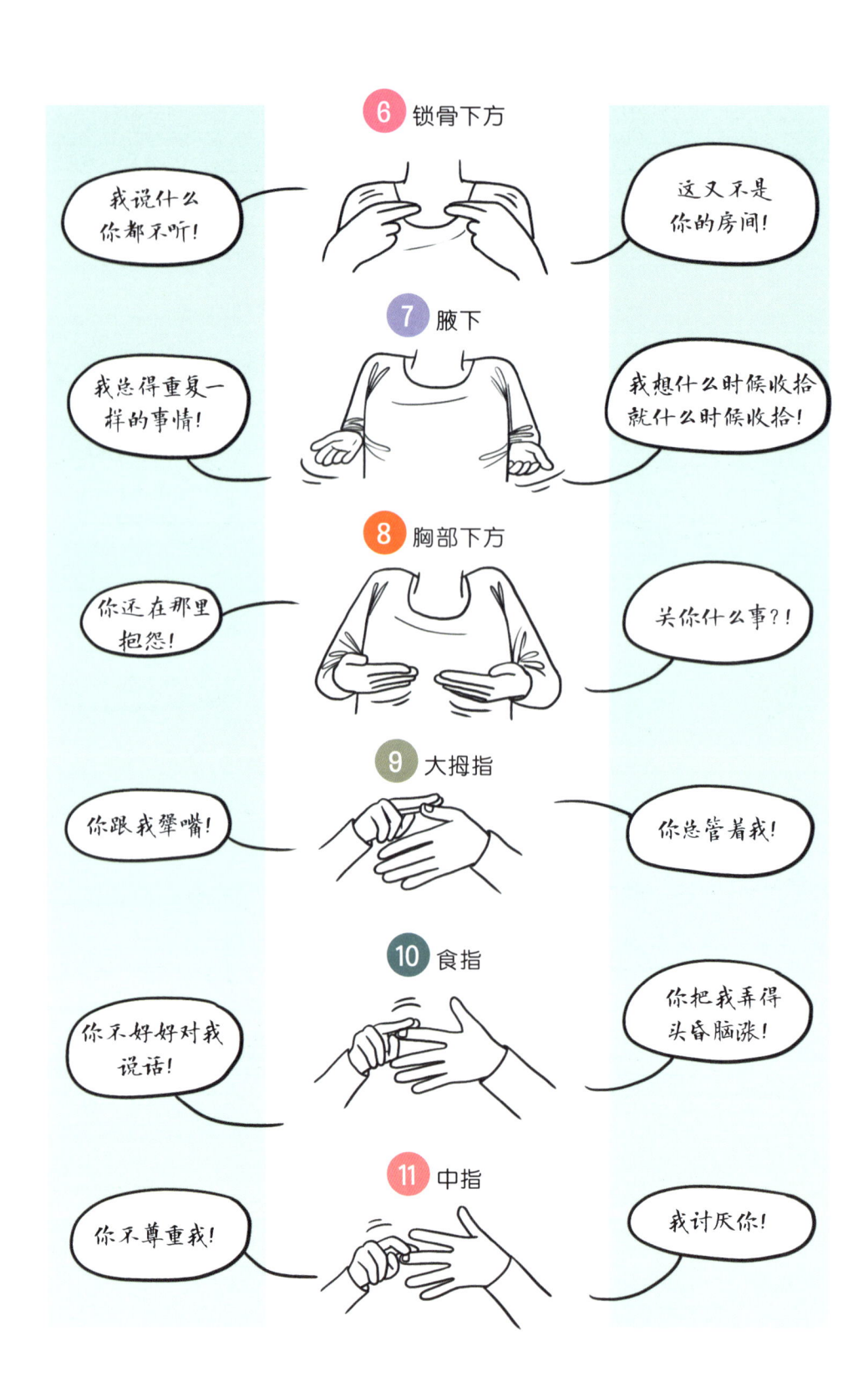

6 锁骨下方

- 我说什么你都不听!
- 这又不是你的房间!

7 腋下

- 我总得重复一样的事情!
- 我想什么时候收拾就什么时候收拾!

8 胸部下方

- 你还在那里抱怨!
- 关你什么事?!

9 大拇指

- 你跟我犟嘴!
- 你总管着我!

10 食指

- 你不好好对我说话!
- 你把我弄得头昏脑涨!

11 中指

- 你不尊重我!
- 我讨厌你!

12 小拇指

你真是让人无法忍受！

你无缘无故就冲着我喊！

13 手刀点

你真是忘恩负义！

你根本不听我说话！

14 九合点

你真折磨人啊！

你气死我了！

还可以使用EFT来释放其他情绪或摆脱不良习惯（悲伤、恐惧、厌恶、羞耻、焦虑、负罪感、癖好……），只是过程与释放愤怒情绪时会稍有不同。

> 用数字0到10来衡量某种情绪的强度。

> 首先拍打手刀点，重复三次："虽然我（简单描述一下自己的问题）……但是我内心对自己的态度是完全肯定的。"*

虽然我害怕在众人面前讲话，但是我仍然爱我自己……

虽然在考场我会感到紧张，但是我仍然爱我自己……

> 其次，依次拍打十四个身体部位，每拍打一处就说一个简单的句子。

我害怕别人对我评头论足……

我害怕别人嘲笑我……

我害怕自己做不成这件事……

> 再次对负面情绪进行估测，看一看强度是否减弱，然后进行下一轮拍打，并把问题说得更具体。

* 在拍打的同时说一个句子，这样可以抵消"反动机制"。人的潜意识中会有自我伤害或自我惩罚的想法，我们将其称为反动机制，它会对EFT起到反作用。

控制我们的怒火

让我们走得更远

一份书单是否可以做到详尽我们不敢断言，但是这份书单是我们在长期的资料收集与阅读过程中挑选出来的，是在写作本书之前罗列的，在写作过程中我们一直在借鉴这些书籍。这些书籍指引着我们，让我们产生灵感，明晰思路。在书单中我们去掉了那些技术性较强的专业书籍，因为本书的目的是科普，因此我们选择的书籍特点是：涉猎范围广，讲解方式深入浅出。

阿尔弗雷德·阿德勒的正面管教法

Rudolf Dreikurs, *Le Défi de l'enfant*, Robert Laffont, 1972

Eva Dreikurs-Ferguson, *Introduction aux principes adlériens*, Éditions du Toucan, 2017

Jane Nelsen, *La Discipline positive pour les adolescents*, Éditions du Toucan, 2014

Jane Nelsen, *La Discipline positive dans la classe*, Éditions du Toucan, 2018

神经科学领域

Élisabeth Grimaud, *Programmez votre cerveau pour le bonheur. Devenez créateur de votre bien-être avec la méthode Beau, Bien,

Bon, Poche Marabout, 2018

Daniel Siegel, *Le Cerveau de votre ado*, Les Arènes, 2018

关于自我调控

Eline Snel, *Respirez. La méditation pour les ados et leurs parents*, les Arènes, 2015

创新教育领域

Audrey Akoun et Isabelle Pailleau, *Apprendre autrement avec la pédagogie positive*, Eyrolles, 2013

关于早熟/高智商

Jeanne Siaud-Facchin, *Trop intelligent pour être heureux*, Odile Jacob, 2008

Jeanne Siaud-Facchin, *Tout est là, juste là*, Odile Jacob, 2015

Jeanne Siaud-Facchin, *Mais qu'est-ce qui l'empêche de réussir ?*, Odile Jacob, 2015

关于注意缺陷多动障碍及其他学习障碍

Ronald Davis, *Le Don de dyslexie*, La Méridienne, 2012

Dr Olivier Revol, *On se calme. Enfants agités, parents débordés*, JC Lattès, 2014

Annick Vincent, *Mon cerveau a besoin de lunettes*, Académie Impact, 2017。

给青少年的书

sabelle Filliozat, *On ne se comprend plus*, JC Lattès, 2017

Dr Olivier Revol, *J'ai un ado... mais je me soigne*, JC Lattès, 2014

Daniel Siegel, *Le Cerveau de votre ado*, Les Arènes, 2018

关于骚扰

Emmanuelle Piquet, *Je me défends du harcèlement*, Albin Michel Jeunesse, 2016

Emmanuelle Piquet, *Le Harcèlement scolaire en 100 questions*, Tallandier, 2017

Marie Quartier, *Harcèlement à l'école. Lui apprendre à s'en défendre*, Eyrolles, 2016

关于性健康

Thérèse Hargot, *Une jeunesse sexuellement libérée (ou presque)*, Albin Michel, 2016

关于情商

Howard Gardner, *Les Intelligences multiples*, Retz, 2008

Daniel Goleman, *Cultiver l'intelligence relationnelle*, Pocket, 2011

Marshall Rosenberg, *Les mots sont des fenêtres*, La Découverte, 2016

关于情绪释放技术

Gary Craig, *Le Manuel d'EFT. Pour apprendre à se libérer des souffrances émotionnelles et psychologiques*, J'ai lu, 2016

本书作者的其他著作

图解问题孩子的秘密——问题让孩子成长

这本书带领父母从不同的视角看待危机，从而理解孩子，弄清楚导致日常生活中父母与孩子产生冲突的原因。这是一本教育指导书，内容新颖，绘图丰富！

每天的仪式！

这个小套盒可以督促孩子学会自主，并在完成每天的任务时感受到乐趣。每完成一个任务，孩子都可以使用磁条贴进行标记，他会为自己感到骄傲。这样他就不再需要父母的看管了！

整理房间

家长总是需要不断地告诉孩子该做什么，这会让他们感到身心俱疲。这个工具可以让孩子学会承担责任，他可以自己选择要完成的任务并发现其中的乐趣，协作式的、祥和的家庭氛围也由此得以建立！

管理使用电子设备的时间

这个工具可以有效地监督孩子使用电子设备的时间。"交替轮"可以督促孩子用不同的方式支配业余时间（有创造性地娱乐、阅读、散步等），"周记录卡"可以清楚地记录孩子使用电子设备和做其他事情的时间。

控制情绪

这个工具可以帮助孩子选择需要控制的不合理行为（叫喊、批评、打人、抱怨等），告诉他有哪些方式可以取代上述行为。